METRO
POLITAN

Denise Schulz

Das Lokal als Bühne

Die Dramaturgie des Genusses

Bars
Restaurants
Bistros

Metropolitan Verlag
Düsseldorf · München

Die ganze Welt ist eine Bühne
Und alle Frau'n und Männer bloße Spieler.
Sie treten auf und gehen wieder ab,
Sein Leben lang spielt einer manche Rollen...

**Shakespeare:
Wie es euch
gefällt.
II, 7, 1599**

Restaurants sind für die Menschen der Achtziger
das, was Theater in den Sechzigern waren.
Das habe ich in einem Magazin gelesen.

**Harry und Sally,
Hollywood 1989**

Inhalt

Prolog

Alles begann in einer lauen Sommernacht vor zwei Jahren bei einem Cocktail mit einem lieben Freund im *Cafe de Paris* vor dem Casino von Monte Carlo: Der stolze Chef de Table hofierte lautstark seine prominenten Gäste, besorgte ihnen sofort den »besten« Tisch, während er heftig mit ihnen parlierte und so die Aufmerksamkeit aller Anwesenden auf sie lenkte. Er gestaltete in gewisser Weise ihr »Entree« und verhalf berühmten Besuchern – aber auch vielen anderen – zu einem »Großen Auftritt«. Exzentrische Gäste bekamen somit die Gelegenheit, die Restaurant-Plattform als Bühne für ihre Selbstdarstellung zu benützen.

Zusätzlich zum kulinarischen Ereignis wurde ihnen hier, im *Cafe de Paris*, ein Erlebnis geboten, eine Erfahrung, die spätestens seit der inflationären Verbreitung des Begriffs »Erlebnis-Gastronomie« im Zentrum jedes Restaurantbesuchs steht, deren Struktur jedoch niemand so recht kennt.
An jenem Abend versuchten wir erstmals, hinter die Kulissen zu blicken und legten den Grundstein für die dramaturgische

Analyse von Restaurants. Ich begab mich auf die Suche nach der Sprache der Erlebnisplanung. Im Laufe meiner Recherche entwickelte ich, basierend auf den Erkenntnissen der kognitiven Psychologie, eine Methode, um die wichtigsten Erlebnisformen zu systematisieren. Diese dramaturgische Typologie beruht auf acht prinzipiellen Möglichkeiten, den Gast in eine andere Welt zu entführen. »Der Große Auftritt«, wie im *Cafe de Paris*, ist eine davon.

Die Suche führte mich von Europa nach Amerika und Asien in über hundert ganz unterschiedliche Bars, Restaurants, Bistros und Diskotheken. In Madrid entdeckte ich zum Beispiel das *Teatriz* (s. Foto S. 2), den Prototyp für meinen dramaturgischen Ansatz und für den Typus »Schaulust«, wie ich solche Lokale benenne, bei denen die Augen des Gastes lustvoll durch das Restaurant wandern. Stararchitekt Philippe Starck verlegte den gastronomischen Schauplatz in ein ehemaliges Kindertheater, behielt die Architektur des ursprünglichen Theaters bei und kreierte so eine außergewöhnliche Kombination von Restaurant- und Theaterelementen: ein Lokalkomplex, in dem der Gast sowohl Schauspieler als auch Zuschauer sein kann.

In Amerika, wo Inszenierung und Entertainment schon lange zum imagebildenden Faktor jedes Lokals gehören, legen die Gastronomen den Schwerpunkt auf die Entwicklung von vervielfältigungsfähigen Erlebnis-Konzepten. Dafür sehr geeignet scheinen Lokale des Typus »Das Museum«, in dem besondere Objekte ausgestellt werden. Die explosionsartige Verbreitung von Restaurants wie dem *Planet Hollywood* oder dem *Hard Rock Cafe* bestätigt den Erfolg dieses Konzepts.

Und in »Bar-Bar-Barcelona« erwartete mich schließlich die

Hohe Schule des Designs mit Bars wie dem *Seltz* und dem *Torres de Avila* von Alfredo Arribas, Diskotheken wie dem *Gran Velvet* oder Restaurants wie dem *El Tragaluz* von Pepe Cortés. Sie alle vervollständigten die Typologie.

Dieses Buch soll dem Leser jenen dramaturgischen Blick vermitteln, der die Sprache der Erlebnisplanung enthüllt. Planern, Architekten und Gastronomen soll es helfen, große Inszenierungen mit wenig Aufwand auch im Kleinen zu realisieren, schon im Vorfeld Fehler zu vermeiden, dem Gast gegenüber entsprechend zu agieren und bestehende Konzepte auf ihre Tragfähigkeit zu überprüfen. Der Leser, der das Glück hat, das alles nicht umsetzen zu müssen, wird den alltäglichen Restaurant- oder Barbesuch aus neuer Perspektive betrachten, mehr Details wahrnehmen und Anregungen für einen Streifzug durch die Erlebnis-Gastronomie von morgen finden.

Ein ganz normaler Restaurantbesuch?

Wir befinden uns im Wiener Messepalast bei der sehr erfolgreichen Wanderausstellung »Dialog im Dunkeln«, wo die Besucher durch einfache Mittel – den finsteren Raum – in die Welt der Blinden versetzt werden. Doch heute werden die Gäste zu einem ganz speziellen Event gebeten: dem *Dinner im Dunkeln*. Mit einem Blinden als Führer und einem Blindenstock in der Hand werden sie in einen dunklen Raum geführt. Schon das Ablegen und Aufhängen der Mäntel an der Garderobe bereitet einigen von ihnen große Mühe und erst recht das Auffinden des richtigen Tisches, vorbei an den anderen, ohne diese dabei umzustoßen. Eine Speisekarte zu lesen ist unmöglich; deshalb gibt es nur zwei Menüs zur Auswahl. Um sich zurechtzufinden, muß alles genau an seinem Platz sein, und man muß sich auf frühere Restaurantbesuche besinnen, um ja keine Fehler zu machen: die Gabel liegt links vom Teller, die Gläser stehen rechts, das große ist das Rotweinglas, das kleinere das Glas für den Weißwein, und dahinter steht das Wasserglas. Der Suppenlöffel liegt rechts. Zusätzlich erfahren wir, daß die Speisenanordnung im Uhrzeigersinn erfolgt. Doch es ist trotzdem sehr schwierig, das Steak zu finden, ohne mit den Fingerspitzen danach zu greifen und in die Sauce hineinzutapsen.

Wer sich nicht detailgenau an die Abläufe hält, ist verloren! Nur unsere »Brain Scripts«, unsere Drehbücher im Kopf, helfen uns in dieser Situation. Der Ablauf eines Restaurantbesuchs ist für uns schon so banal, daß uns üblicherweise gar nicht bewußt ist, wie komplex er eigentlich ist. Platz nehmen, Speisekarte lesen, Essen bestellen, essen, zahlen und gehen und dazwischen noch manches mehr. Wie strategisch wir dabei immer vorgehen, wird erst jetzt bewußt.

Die Drehbücher im Kopf

In der kognitiven Psychologie spricht man davon, daß wir auf unsere »Brain Scripts«, also unsere Drehbücher im Kopf zurückgreifen, um alltägliche Situationen, wie einen Besuch im Restaurant, zu bewältigen. »Brain Scripts« sind Lebensbewältigungsmechanismen, die uns signalisieren, was gespielt wird, wie eine Geschichte zu verstehen ist und wie man sich in einer Situation zurechtfindet. Sie sind dafür verantwortlich, daß wir im Restaurant nicht überrascht sind, wenn die Suppe vor dem Dessert serviert wird und der Kellner für seine Dienste ein Trinkgeld erwartet.

Für jede alltägliche Situation besitzen wir ein dazu passendes Brain Script: für das Überqueren einer Straße, den Kauf eines Autos, das Feiern von Festen und den Besuch eines Restaurants. Im Laufe der Zeit haben wir Tausende davon erlernt, die unbewußt täglich zur Anwendung kommen.

Das Wissen um das jeweilige »Brain Script« hilft einem, sich auf die kommende Situation einzustellen und dafür die richtigen Vorbereitungen zu treffen. So sagt uns zum Beispiel das »Restaurant-Script«, daß wir vor dem Lokalbesuch ein Zah-

DAS RESTAURANT-SCRIPT

Türe öffnen

Eintreten

Reservierung angeben

Auf Platzanweisung warten

Zum Tisch gehen

PLATZ NEHMEN

Getränke bestellen

Servietten auf den Schoß legen

SPEISEKARTE LESEN

Speisefolge besprechen

ESSEN BESTELLEN

Sich unterhalten

Wasser trinken

Salat oder Suppe essen

Essen kommt

ESSEN

Hauptgang beenden

Dessert bestellen

Dessert essen

Rechnung verlangen

Rechnung kommt

ZAHLEN

Trinkgeld zurücklassen

Mäntel holen

GEHEN

In diesem Experiment wurden die Versuchspersonen über den typischen Ablauf eines Restaurantbesuchs befragt:
73% gaben Ereignisse an, die in Großbuchstaben dargestellt sind,
48% gaben zusätzlich Ereignisse an, die hier in Normalschrift angeführt sind,
25% nannten zusätzlich Ereignisse, die in kursiv gedruckt sind.
Nach einer empirischen Untersuchung von Bower, Black und Turner 1979.

lungsmittel einstecken, um anschließend die Rechnung zu begleichen oder die Brille mitnehmen, um die Speisekarte zu lesen. »Brain Scripts« begleiten und steuern unbewußt unsere täglichen Handlungen, in dem sie deren prinzipielle Abläufe in uns präsent halten.
Das alles klingt auf den ersten Blick banal. Erst wenn man sich in ungewöhnliche Situationen begibt – für kurze Zeit »blind« ist – oder in andere Kulturen eintaucht, wird das Fehlen der passenden »Brain Scripts« schmerzlich bewußt.

Die Tischmanieren in Hongkong

In seinen Reisetagebüchern berichtet der Bestsellerautor Michael Crichton (»Jurassic Park«) über die sonderbaren Sitten bei einem großen chinesischen Essen: Nach dem ersten Gang legten die Gäste die Garnelenschalen neben die Teller auf das Tischtuch. Bei Trinksprüchen auf die Gesundheit hielten sie das Glas in der einen Hand und mit einem Finger der anderen berührten sie den Boden des Glases. Als ein ganz besonderer Vierhundert-Dollar-Fisch bis zur Hälfte aufgegessen war und niemand ihn umdrehte, wurde Crichton, der selbst Hand anlegen wollte, um noch mehr von dieser Delikatesse zu ergattern, belehrt: »Nur derjenige darf den Fisch wenden, der auf dem Rückweg nicht das Wasser überquert!« Schließlich fand sich ein Kellner, der auf einem Hausboot wohnte.
So kann ein ganz normaler Restaurantbesuch Schwierigkeiten bereiten, wenn die Tischmanieren eines Landes und das damit verbundene Restaurant-Script vom gewohnten abweichen. Gleichzeitig kann das Spiel mit den Drehbücher im Kopf auch Spaß machen und den Gästen ein neues Erlebnis bieten.

Die Suche nach dem Erlebnis in der Gastronomie

»Einmal sechs Stück Chicken McNuggets mit süß-saurer Sauce, mittlere Pommes frites und eine kleine Cola, bitte.« »Das macht 10 Mark«, sagt die rot-weiß uniformierte Kassiererin der legendären Fast-Food-Kette *McDonald´s.* Ich bezahle, nehme mein Tablett und begebe mich zum nächstgelegenen freien Tisch. Wie war das noch gleich? Platz nehmen, Speisekarte lesen, Essen bestellen, essen, zahlen und ... Bei *Mc Donald´s* und in den meisten anderen Fast-Food-Lokalen kann man das erlernte Restaurant-Script nicht anwenden, denn dort wurde der Ablauf verändert – man bezahlt vor dem Essen und Platznehmen: eine Tatsache, die uns mittlerweile überhaupt nicht mehr überrascht, jedoch anfangs viele, vor allem ältere Leute, verwirrte. *Mc Donald´s* macht sich eine Abweichung, einen sogenannten »track«, vom Restaurant-Script zunutze, um dem Gast ein neues Erlebnis – das Fast-Food-Erlebnis – zu bieten.

In der ersten Phase der Bemühungen, das Erlebnis in der Gastronomie zu steigern, machten sich die Konzeptentwickler daran, mit dem »Restaurant-Script« selbst zu spielen. Sie stellten fürs erste einfach die Reihenfolge gewohnter Tätigkeiten um und veränderten einige Details. Es entstanden dabei verschiedene »tracks«, also Spuren des Restaurant-Scripts, mit denen auch die Gäste spielen können.

In den »Marché«-Restaurants von *Mövenpick* zum Beispiel, gestaltet der Gast den Ablauf der Menüwahl selbst. Mit einer Art »Stechkarte« in der Hand, kann er sich innerhalb des Geländes frei bewegen. Er entscheidet selbst, ob er zuerst seinen Tisch wählt und dann von Marktstand zu Marktstand schlendert, um das Tagesangebot zu gustieren, oder umgekehrt. Er kann die Reihenfolge seines Menüs beliebig zusammenstellen, alles auf einmal bestellen oder nach jedem Gang erst den nächsten holen und dabei vielleicht auch noch Raum und Sitzplatz wechseln. Bezahlt wird schließlich, wie gewohnt, am Ende beim Ausgang.

»Großes, klein serviert!« ist das Motto von *Lustig Essen* in Wien. Statt einer einzigen Hauptspeise ißt man dort hintereinander etwa eine kleine Portion Tafelspitz, ein winziges Wiener Schnitzel und eine Miniportion Schweizer Kasnocken: eine Script-Abweichung, die vor allem kulinarisch Abwechslung bietet.

Gewisse, ursprünglich ungewöhnliche »tracks« sind heute schon so sehr Bestandteil unserer Kultur, daß selbst eine Abweichung von der Abweichung uns überrascht. Der »track« von chinesischen Restaurants sieht vor, daß man üblicherweise mit Stäbchen ißt und die Speisen in der Mitte des Tisches auf einer Heizplatte warmgehalten werden. Nicht so im *Kiang*, dem Design-Chinesen in der Wiener Innenstadt. Dort wird zur Verblüffung vieler das Essen direkt am Teller serviert, man befindet sich eben in einem Szene-Lokal. Das Gewöhnliche wird im Umfeld eines China-Restaurants zum Ungewöhnlichen.

Das Spiel mit den »tracks« ist für den Gast deshalb so lustvoll, weil er im Alltäglichen das Besondere suchen kann. Jede, auch nur kleine Abweichung vom gewohnten »Restaurant-Script« veranlaßt ihn, das Drehbuch im Kopf neu zu modellieren. Dabei achtet er auf jede neue Information, die ihm hilft, sich einen neuen »Reim« zu machen und den Ablauf des Scripts zu ordnen. Hat er einmal den richtigen »track« gefunden, ist er »Herr der Lage«: er fühlt sich eingeweiht und kann situationsgerecht agieren. Der Erlebniswert des Restaurantbesuchs hat sich für ihn gesteigert.

Eine weitere Möglichkeit, das Erlebnis in der Gastronomie über den kulinarischen Genuß hinaus zu erhöhen, bietet

Die Lust am Differenzieren

Eine blau leuchtende Glaswand unterteilt den Speiseraum, Tische und Stühle sind von edlem Design, und klassische Musik berauscht aus dem Hintergrund. Wir befinden uns in einer ungewöhnlichen Filiale von *McDonald´s* in der Nähe der New Yorker Carnegie Hall. Alle Elemente, die wir üblicherweise in solchen Restaurants erwarten, sind vorhanden: die Leuchttafeln, die Theke, an der man die Speisen holt und auch gleich

bezahlt, die Kassierer, die Tische und Stühle. Nichts hat sich im Ablauf geändert, nur das Outfit ist ein anderes.
McDonald´s spielt hier mit den sogenannten »slots«, also den Leerstellen des Brain Scripts. Dabei handelt es sich um typische Personen und Gegenstände, die zwar fixer Bestandteil des Scripts sind, für die es aber keine konkreten Vorstellungen gibt. Im Restaurant erwartet man unter anderem, daß ein Kellner anwesend ist. Wie dieser Kellner tatsächlich aussieht, kann man erst in der jeweiligen Situation erfahren und so den »slot« des Restaurant-Scripts mit einer konkreten Person belegen. So wird der Kellner in einem klassischen Wiener Kaffeehaus zum »Herrn Ober« im schwarzen Frack mit weißem Hemd und schwarzer Fliege und in einem typischen Pariser Bistro zum »garçon« mit langer weißer Schürze.

Wenn man nun öfters ein und dasselbe Lokal besucht, vielleicht sogar die Kellner persönlich kennt und immer denselben Stammplatz einnimmt, geht das Spiel mit den »slots« verloren. Alle Leerstellen des Scripts sind schon vor dem Restaurantbesuch mit konkreten Vorstellungen belegt. Man muß keine Lücke im Script schließen, ist kognitiv nicht mehr gefordert, dafür aber mit der Umgebung vertraut: eine Tatsache, die sicherlich den »Wirt ums Eck« unterstützt, bei dem man täglich zu Mittag ißt, jedoch für Restaurant-Ketten zum Problem werden kann, wenn dem Gast kein Anreiz geboten wird, neue Filialen zu erforschen.
McDonald´s-Restaurants unterschieden sich bis vor kurzem kaum voneinander. Überall fand man dasselbe Design vor: beige-braune Kunststoffmöbel und ein paar rote Farbakzente. Abwechslung boten nur die architektonisch bedingten Veränderungen wie Größe und Anordnung der einzelnen Bereiche.

BRAIN SCRIPTS

- Lebensbewältigungsmechanismen für den Alltag
- geben prinzipielle Abläufe von den alltäglichen Situationen vor,
- es macht Spaß sie anzuwenden, weil damit eine kognitive Aktivität verbunden ist.

Tracks

- Abweichungen im Ablauf des Brain Scripts
- helfen im Alltäglichen das Besondere suchen,
- sprechen die Lust am Umstellen an.

Slots

- Leerstellen des Brain Scripts,
- die aufgefüllt werden für typische Personen und Gegenstände,
- sprechen die Lust am Differenzieren an.

Das Image der Fast-Food-Kette wurde so gekonnt nach außen getragen, der Wiedererkennungswert war sehr hoch. Die Gäste erhielten jedoch beim Besuch einer anderen oder neuen Filiale keinen Erlebnismehrwert. Sie konnten schon alle »slots« ihres Fast-Food-Scripts im vorhinein belegen, nichts würde sie dort überraschen. Durch die Verbreitung der »Design-*McDonald´s*« wurde diese ungewollte Entwicklung abgefangen und zusätzlich noch eine »design-orientierte« Zielgruppe angesprochen. Die Gäste können nun zwischen herkömmlichem und neuem Design wählen und ihre Lust am Differenzieren, also am Auffüllen der »slots«, auch innerhalb der Kette selbst auskosten.

Wer also das Erlebnis in der Gastronomie steigern möchte, der kann erstens innerhalb des »Restaurant-Scripts« (s. Kasten S. 20) alle Möglichkeiten der »Brain Script-Mechanik« ausnützen (s. Kasten S. 26), also: die gewohnten Abläufe verändern, um so neue »tracks« des Scripts zu kreieren, und zweitens durch unterschiedliche Details den Gast animieren, die »slots« im Script selbst auszufüllen. Bei all dem sollte man darauf achten, daß der Gast nicht durch zu komplexe Abläufe verwirrt wird und seinem Bedürfnis nach Vertrautheit – falls vorhanden – auch nachkommen kann. »Wer dramaturgisch vorgeht, der reicht dem Konsumenten seine hilfreiche Hand«, so beschreibt es treffend Christian Mikunda in seinem Buch »Der verbotene Ort«, in dem man weitere Anwendungsmöglichkeiten von »Brain Scripts« nachlesen kann.

Das große Erlebnis

Bevor wir unseren weißgedeckten Tisch aufsuchen, sollten wir noch einen Apéritif an der leuchtenden Onyxbar einnehmen. Hoppla! Die Bar befindet sich regelrecht auf einer Bühne. Wenn wir diese betreten, werden wir unweigerlich zu Schauspielern für jene Gäste, die gerade im ehemaligen Zuschauerraum dinieren. Viele kleine – und auch große – Details lösen in uns sofort Assoziationen zu früheren Theaterbesuchen aus: Bühne, Logen, drapierte Vorhänge ... Hier, im schon erwähnten *Teatriz*, appelliert der Architekt Philippe Starck bewußt an unsere Theatererfahrungen. Er möchte uns in eine Welt entführen, die den gastronomischen Rahmen überschreitet.

Und jetzt also kommen wir zur eigentlichen Botschaft dieses Buchs: Restaurants, Bars, jede Art von gastronomischer Betrieb kann tatsächlich mit dem Theater, mit dem Spektakel und dem Kult, dem Erlebnis und dem typischen Ablauf eines Theaterbesuchs gekreuzt werden, um zu dem zu werden, was alle Welt heute als Erlebnis-Gastronomie empfindet.

Die Lust am Assoziieren

Im *Teatriz* lösen die weißgedeckten Tische das Restaurant-, und die Bühne und die Logen ein Theater-Script aus: zwei ganz unterschiedliche Erlebniswelten werden hier vereint. Wie schafft es der Gast, mit beiden Bereichen zurechtzukommen?

Unser Bedürfnis, eine Situation richtig einzuschätzen, ist so groß, daß wir jede Information und jedes Signal sofort in unseren Erfahrungsschatz eingliedern. Wir suchen dabei nach den passenden Brain Scripts, die uns helfen, unser Verhalten auf die Situation abzustimmen. Es sind die sogenannten »header«, also die Schlagzeilen, die das Drehbuch im Kopf auslösen. Die Lust am Assoziieren treibt uns dazu, für jeden »header« sofort das adäquate Script aufzuspüren: die weißen Tische rufen uns überdeutlich zu: »ein Restaurant, ein Restaurant!«, während die Logen rufen: »ein Theater, ein Theater!«.

Der Routine entgehen

Und schon beginnt auch das Drehbuch für einen Theaterbesuch in unseren Köpfen zu laufen: das Theater betreten, den Sitzplatz aufsuchen, das Programmheft lesen, die Vorstellung ansehen, in der Pause eine Runde drehen, am Ende der Vorstellung applaudieren und gehen.

Wenn nun das Spiel mit dem Restaurant-Script zur Routine geworden ist, warum es nicht durch ein anderes – das Theater-Script – aufwerten? Es ist das Phänomen der Script-Verdichtungen, die jedes Lokal zur Bühne werden lassen (s. Kasten S. 30).

SCRIPT-VERDICHTUNGEN

- Zusammenspiel von zwei Brain Scripts
- Auslösen beider Brain Scripts durch präzise Signale (header)
- Aufwerten von »normalen« Erlebnissen

DAS LOKAL ALS BÜHNE

Restaurant		Theater
	←	Entree
Platz nehmen	↔	Platzsuche
Speisekarte lesen		
Essen bestellen	↔	Programmheft
Essen	↔	Vorstellung
	←	Runde
Zahlen	↔	Applaus
Gehen	↔	Abgang

Wie das Lokal zur Bühne wird

Dieses Kapitel erzählt, was Restaurants, Bars, Bistros und Diskotheken vom Theater lernen können. Es geht darum, anhand konkreter Beispiele zu erkennen, welche theatralischen Signale welche Reaktionen im Gast auslösen, welche Details stimmig in das Show-Erlebnis integriert sind und welche Ideen den Gast schlicht und ergreifend hinauswerfen aus der Welt, die er soeben in seinem Inneren aufbaute, als er das Lokal betrat. Und wer will schon den Gast hinauswerfen?

Das Entree gestalten

Die Signale nach außen

Eine riesige Languste am Dach des Gebäudes lächelt uns schon von weitem zu (s. Foto S. 35). Das muß es sein: das *Gambrinus*, das Tapalokal der berühmten spanischen Architekten und Designer Alfredo Arribas und Xavier Mariscal. Hier, an der Moll de la Fusta, der Uferpromenade von Barcelona, gleicht ein Restaurant dem anderen. Nur das *Gambrinus* hebt sich durch dieses freundliche Krustentier optisch von allen anderen ab. Es ist ein überdimensionaler Eye-catcher, ein Blickfang, der nicht nur Aufmerksamkeit erregt, sondern uns schon vor dem Betreten des Restaurants signalisiert, was uns erwartet: ein Fisch-Tapa-Lokal.

Kilometerweit in den Himmel projizierte grüne Laserstrahlen signalisieren den Beginn der Clubbings im Wiener *Gasometer* und vor den meisten *Planet Hollywood*-Restaurants dreht sich eine riesige Neonerdkugel. Berühmt ist auch der Eye-catcher vor den legendären *Hard Rock Cafés*: eine übergroße leuchtende Gitarre, die, wie ein architektonischer »header«, eine gebaute Schlagzeile, auf die musikalischen Memorabilia im Inneren des Gebäudes verweist (s. Foto S. 35). Auch das schweizer Restaurant *Movie* rollt für seine Gäste vor dem Eingang den roten Teppich aus und erinnert so an Film- und Theaterpremieren.

Musical-Theater locken schon seit etlichen Jahren mit solchen architektonischen »header« Besucher an. Am Broadway etwa schmücken unzählige überdimensionale Neonreklamen die Theaterfassaden. Gelb blinkende Katzenaugen kündigen die Aufführungen von »Cats« an und flächendeckend projizierte Spinnennetze kennzeichnen jenes Theater, in dem gerade »The Kiss of the Spiderwoman« läuft.

Diese signalhaften Ankündigungen lenken die Aufmerksamkeit des Besuchers auf das äußere Erscheinungsbild des Theaters oder des Restaurants. Dabei geben sie dem Gast einen emotionalen Vorgeschmack und steigern seine Erwartungshaltung, die durch das Betreten befriedigt werden muß.

Der »gestaltete« Einlaß

verkürzt subjektiv die Wartezeit bis zum tatsächlichen Eintreten. Bei den Vorführungen des *Cirque du Soleil* in Las Vegas wird der Einlaß der Besucher durch Figuren aus dem Stück gesteuert. Einige kostümierte Schauspieler laufen den Gäste hinterher, imitieren ihre Gangart, verschütten ihr Popcorn, springen auf den Sitzen herum und weisen ihnen die falschen Plätze zu. Der Besucher bekommt eine kleine schauspielerische Kostprobe, und die Zeit bis zum eigentlichen Beginn der Vorstellung erscheint minimal.

Architektonische »header«: Mariscals Languste auf dem Dach des »Gambrinus« in Barcelona (oben) und die Gitarre vor dem »Hard Rock Café« in Las Vegas (unten)

Wer einmal Teil der langen Menschenschlange vor dem *Planet Hollywood* in Chicago ist, findet diese Methode des gestalteten Einlasses wieder. In einem überdachten Bereich neben dem Eingang übertragen Videomonitore und Lautsprecher immer wieder dieselben Filmausschnitte wie im Inneren des Lokals. Security Guards nehmen schon hier die Tischbestellung auf und befristen je nach Andrang die Wartezeit mit 30, 45 oder sogar 75 Minuten. Das Anstellen wird dadurch optisch und zeitlich strukturiert. Der Gast fühlt sich orientiert und freut sich auf ...

Den tatsächlichen Eintritt

Im *Café Museum* in Wien, wie in vielen anderen Wiener Kaffeehäusern, betritt man zuerst einen vorgebauten gläsernen Erker – vom Hauptraum durch eine doppelseitige Schwingtür abgetrennt. Man befindet sich in einer Pufferzone, dem sogenannten Windfang, der einem das Gefühl vermittelt, weder drinnen noch draußen zu sein. Dort kann man sich auf seinen Auftritt ins Lokal vorbereiten: durch die Glasscheibe die Atmosphäre erkunden, eventuell bekannte Gesichter suchen, sich zurechtmachen oder sogar – ohne von anderen Gästen registriert zu werden – diesen Bereich wieder verlassen.
Der Windfang ist nichts anderes als ein winziger Vorraum, der im Grunde dieselbe dramaturgische Funktion erfüllt wie das Foyer, der zentrale Eingangsbereich eines Theaters. Denn dort geht es darum, den Gast räumlich zu orientieren und ihn auf das weitere Geschehen vorzubereiten.

Ursprünglich war das Foyer (französisch; wörtliche Übersetzung: Herd) der Ort, an dem sich Schauspieler und Zuschauer trafen, um sich aufzuwärmen. Heute dient es als sozialer Sammelraum, in dem sich Garderoben und Toiletten, Bars und Souvenirstände, seitliche Aufgänge und meist auch eine große zentrale Marmortreppe befinden. Alle Wege in die verschiedenen Bereiche kreuzen sich hier und helfen dem Besucher, sich ein erstes Bild von der Größe und der geographischen Anlage des Theaters zu machen. Jedem persönlichen Bedürfnis kann er hier schon den richtigen Ort zuweisen: etwa die Straßenkleidung an der Garderobe ablegen, den Apéritif an der Bar trinken, das Angebot an den Souvenirständen betrachten und die richtige Treppe ausfindig machen, die ihn zu seinem Platz geleitet.
Und so können sich auch die Gäste eines Restaurants schon im Vorraum orientieren: im Zürcher Restaurant *Movie* bekommen sie links Einblick in den Barbereich, wo gerade der Barkeeper aufwendig Cocktails mixt, und rechts ins Restaurant, wo ein kleines Replikat der »Statue of Liberty« das Zentrum markiert. Je nach Lust und Laune können sie ihre Route durchs Lokal frei wählen. In *Michael Jordan´s Restaurant* befindet sich im zentralen Eingangsbereich ein riesiger Souvenirshop, in dem man schon vor dem Dinner sein Geld ausgeben kann. Und viele Restaurants plazieren an dieser Stelle eine Bar, an der man noch ein Gläschen trinkt, während man auf seinen Tisch wartet.
Wichtig ist, daß man hier, im Foyer, dem Gast durch Durchblicke oder Einblicke die Möglichkeit gibt, sich auch räumlich zurechtzufinden.

Die architektonische Schnittkante

In der Radio City Music Hall, der berühmten Veranstaltungshalle im Herzen New Yorks, wo die legendäre Tanzgruppe »The Rocketts« nach wie vor ihre Auftritte genießt und wo Künstler wie Frank Sinatra und Shirley Maclaine noch immer ihr Bestes geben, dient die Architektur des Foyers in besonderer Weise der Aufbereitung des Hauptraumes. Der erste Eingangsbereich, in dem sich der Ticketcounter befindet, wurde extrem niedrig gestaltet, so daß sich der Besucher emotional auf Intimität und kleine Räume einstellt. Durch eine architektonische Schnittkante – ein Begriff, der eigentlich aus der Filmbranche stammt und eine harte Trennung bezeichnet – platzt er plötzlich in den zweiten Raum, das Foyer: ein zwanzig Meter hoher prunkvoller Art-déco-Raum. Der Gast muß nun seine emotionale Einstellung revidieren, die Intimität verwandelt sich in Monumentalität. Die beiden zehn Meter hohen Kristalluster, die freie Treppe und die goldenen Wände verstärken diesen Eindruck. Die Erwartungen für den eigentlichen Hauptraum – den berühmten Zuschauerraum mit den goldenen Bögen – steigen.

Diese Methode der architektonischen Schnittkante wandte auch der französische Architekt Philippe Starck in seinem madrilenischen Lokal *Teatriz* an, um den Höhenunterschied zwischen den einzelnen Räumen zu betonen. Auch hier befindet sich vor dem eigentlichen Foyer ein erster Eingangsbereich, nämlich ein schlicht türkisfarbenes Café, das in seiner Gestaltung nicht erkennen läßt, was einen im Inneren des Gebäudes erwartet. Das Foyer selbst ist im zweiten Raum gelegen und überrascht durch seine Inszenierung: ein schmaler, sehr niedriger Gang, so wie er früher in vielen Theatern üblich war. Und nun eine simple offenstehende Tür, eine architektonische Schnittkante: Man steht im hohen imposanten Speiseraum, im ehemaligen Zuschauerraum des Kinder-Theaters. Während der Gast in das Gebäude vordringt, werden ihm immer wieder emotionale Überraschungen geboten.

Neun Möglichkeiten, das Entree zu gestalten

Aufmerksamkeit erregen durch

1. überdimensionale »Eye-catcher«
2. Lichtspiele an der Fassade oder im Himmel
3. architektonische »header«, die signalisieren, was einen erwartet, und einen emotionalen Vorgeschmack geben

Wartezeit subjektiv verkürzen durch

4. den »gestalteten« Einlaß
5. das Befristen der tatsächlichen Zeit
6. die Möglichkeit der Beschäftigung: ein Gläschen trinken

Den Gast räumlich orientieren durch

7. den »Windfang«
8. Einblicke und Durchblicke in alle Bereiche
9. eine architektonische Schnittkante als emotionale Überraschung

Prohedien und andere Sitzplätze

Gehen wir noch einmal in den Speiseraum des *Teatriz* zurück. Das Foto (s. S. 2) zeigt die außergewöhnliche Bestuhlung in diesem Restaurant. Durch einen einzigen hohen weißen Stuhl an jedem Tisch hebt Philippe Starck einen Gast pro Gruppe besonders hervor. Er kreiert somit einen Vorsitz, der sich nicht wie gewohnt am Kopf der Tafel befindet, sondern an irgend einer anderen, etwas ungewöhnlichen Stelle des Tisches. Es ist die Methode der Prohedienstühle, die schon im griechischen Theater der Antike angewandt wurde. Prohedien waren damals Ehrensitze, die sich durch ihre Form und dekorative Ausstattung – meist mit Weihinschriften verziert – besonders hervorhoben. In der Regel gewährten sie den besten Blick auf die Aufführung, waren in der ersten Reihe aufgestellt und natürlich nur für besondere Gäste vorgesehen. Sie dienten also der sozialen Aufwertung ihrer privilegierten Benützer. Dieser Brauch wurde im *Teatriz* wieder aufgenommen – und gemäß der spanischen Tradition nimmt meist das weibliche Familienoberhaupt auf diesem hohen Stuhl Platz.

In vielen Gasthäusern und Kneipen finden sich die Pro-

hedien in Form des Stammtisches wieder, der allein vom Besitzer an häufig wiederkehrende Gäste vergeben wird und für diese jederzeit frei bleibt. In teuren Restaurants verstecken sie sich oft in schönen Séparées, wo die Privatsphäre der dinierenden Stars gewahrt bleibt.
Und im Zürcher Restaurant *Movie,* wo viele Details auf das zentrale Thema Film verweisen, wird jeder Gast allein schon durch seine Reservierung zum Star: eine klassische schwarze Filmklappe an jedem Tisch, auf der neben den Worten »Guest Star« der eigene Name eingetragen wurde, beweist es. Selbst gezielte verbale Signale können den Gast in seiner Rolle sozial aufwerten.

»Wait to be seated!«

signalisiert uns bereits das Empfangspult am Eingang, auch wenn die entsprechende Tafel fehlt. Das haben wir auf unseren unzähligen Reisen durch Amerika gelernt, wo diese Methode einen ökonomischen Hintergrund hat: das Entgelt der Kellner besteht dort zum größten Teil aus Trinkgeldern und das »wait to be seated« gewährt eine ausgewogene Verteilung. Doch hier, in diesem amerikanischen Diner in der Wiener Innenstadt, löst unsere Frage nach einem freien Tisch, ausgelöst durch das Pult, nur Verblüffung aus: »Da müssen Sie selber schauen!«
Wer ein Pult oder sogar eine Tafel mit der Inschrift »wait to be seated« in die Nähe des Eingangs plaziert, der muß damit rechnen, daß der Gast an dieser Stelle anhält und auf einen Platzanweiser wartet. Denn zu den Leerstellen (»slots«) des Restaurant-Scripts gehört, daß der Gast vor dem Betreten des

Lokals nicht weiß, ob er seinen Tisch frei wählen darf oder zu diesem geführt wird. Er achtet also von Anfang an auf alle Signale, die ihm das richtige Verhalten nahelegen und greift so die Regieanweisungen, die ihm »Pult« und »Tafel« vermitteln, dankbar auf. Das Ausfallen des »wait to be seated« würde ihn nach diesen konkreten Signalen nur verwirren.

Bei der freien Platzwahl entfällt die Begrüßung am Eingang, dafür dreht man eine Runde durchs gesamte Lokal, bevor man sich für einen Tisch in einem bestimmten Bereich entscheidet. Im leider schon geschlossenen *Café Costes* in Paris konnte man zum Beispiel wählen, ob man seinen »petit café« im Erdgeschoß mit Blick auf die große Neonuhr, auf einer Galerie oder an der Bar, die Kellner beobachtend, zu sich nehmen möchte.

Den Blickwinkel festlegen

Und so legt die Wahl des Sitzplatzes auch den Blickwinkel auf das Geschehen fest, genauso wie im Theater, wo man einen unterschiedlichen Eindruck von der Vorstellung bekommt, je nachdem ob man in einer linken oder einer rechten Loge, im Parkett, im zweiten Rang oder auf Bühnenplätzen sitzt.
Unterschiedliche Perspektiven geben auch in Lokalen den Blick auf neue Details frei. So nimmt ein Gast, der an der Theke den Barkeeper bei seiner Tätigkeit beobachtet, andere Informationen auf, als einer, der gerade auf der Tanzfläche swingt, oder einer, der versunken ein Tête-à-tête genießt. Jeder Gast fügt diese ganz persönlichen Erlebnisse in die Leerstellen seines Brain Scripts ein. Und so kann es auch vorkommen, daß zwei

Personen von einem Abend in demselben Restaurant einen ganz unterschiedlichen Eindruck mit nach Hause nehmen – nur durch die Tatsache bedingt, daß sie unterschiedliche Blicke auf das Geschehen hatten.
Um diesem Problem zu entgehen, kann man die verschiedenen Ereignisse von jedem Sitzplatz aus sichtbar machen. In den *Planet Hollywood*-Restaurants werden die Videomonitore in jeder Blickrichtung montiert, so daß keinem Gast die kurzen Spielfilmsequenzen entgehen, die immer wieder wie kleine Vorstellungen das Essen unterbrechen. Und in vielen Wiener Kaffeehäusern befinden sich Spiegel an den Wänden, damit selbst jene Gäste, die dem Eingang den Rücken zuwenden, das Kommen und Gehen ungeniert beobachten können.

Das psychologische Extra

Wenn es aus technischen Gründen nicht möglich ist, diese Allgegenwart der Aufführung herzustellen, dann sollte jede einzelne Perspektive dem Gast ein kleines psychologisches Extra bieten: den Blick auf eine besondere Situation. Von dem einen Platz aus kann man etwa das rege Treiben auf der Tanzfläche betrachten, von dem gegenüberliegenden vielleicht die Fingerfertigkeit des Barkeepers und von einem dritten blickt man auf den Eingang und kann den Auftritt der übrigen Gäste beobachten. Auf alle Fälle sollte man dem Prinzip treu bleiben: Kein Platz sollte ein »schlechter« sein!

Zehn Tips für die Gestaltung der Platzsuche

Dem Gast das richtige Verhalten am Eingang signalisieren:

»Wait to be seated« durch:

1. ein Empfangspult
2. ein Schild mit der passenden Inschrift
3. eine Absperrung

Die freie Platzwahl durch:

4. die Möglichkeit, eine Runde zu drehen

Den Gast sozial aufwerten durch

5. Prohedienstühle
6. Stammtische
7. verbale Signale, die den Gast zum Star machen

Bei der Sitzplatzanordnung den Blickwinkel auf die Aufführung berücksichtigen, somit

das Geschehen überall sichtbar machen durch:

8. Monitore in jeder Blickrichtung
9. Spiegel an den Wänden oder
10. ein psychologisches Extra bieten

Die Speisekarte als Programmheft

Was kann die Speisekarte vom Programmheft lernen? Schon bei den Theateraufführungen der Jesuiten in der Renaissance wurde allen Ehrengästen eine sogenannte Perioche übergeben. Das war ein zweisprachiges Programmheftchen, in dem die persönliche Einladung, das Spielerverzeichnis und das Argumentum, das Szene für Szene den Inhalt in lateinischer und in deutscher Sprache beschrieb, abgedruckt waren. Die Jesuiten erkannten bereits, welche wichtigen Hintergrundinformationen und welches Expertenwissen diese Heftchen vermitteln können.

Hintergrundinformationen vermitteln

In klassischen Programmheften findet man: die aktuelle Besetzungsliste, kurze Lebensläufe der einzelnen Schauspieler, die Inhaltsangabe des Stücks, den vorgesehenen zeitlichen Ablauf und meist auch noch einige Abbildungen des Bühnenbilds. Das alles sind Informationen, die einem erlauben, sich mental und emotional auf die Aufführung einzustellen, also nach und nach die Leerstellen des Brain Scripts mit konkreten Personen und Objekten aufzufüllen. Die Speisekarte eines Restaurants sollte mindestens dieselben Hintergrundinformationen vermitteln.

Auf der Tageskarte erfährt der Gast – analog zur Besetzungsliste – die »specials of the day« und in besonderen Lokalen meist auch noch den Namen des »chef de cuisine« – also des Dirigenten.
Oft wird an dieser Stelle zusätzlich die Entstehungsgeschichte erzählt. Bei der amerikanischen Kette *Hooters* informiert eine ganze Seite der Speisekarte über die Hooters Saga: der Gast weiß jetzt, warum er gerade hier »Buffalo style chicken wings« bestellen soll. Es ist sozusagen der Lebenslauf des Betriebs, der enthüllt, wie es zu all dem gekommen ist.
Im japanischen Restaurant *Tenmaya* in der Wiener Krugerstraße bekommt man bei der Bestellung gewisser Menüs eine zusätzliche kleine Speisekarte überreicht, die es einem erlaubt, den weiteren Ablauf zu antizipieren und seine innere Uhr auf die Speisenfolge einzustellen.
»Some like it hot«, »Green Card« und »French Connection« werden einige Gerichte im schon erwähnten Filmrestaurant *Movie* tituliert. Und wenn da die Speisekarte keine Inhaltsangabe mitliefern würde, wäre man verloren und wüßte nicht, was sich hinter diesen Wortspielen verbirgt – zum Beispiel Nachos mit scharfer Sauce hinter »Some like it hot«. Zum Spielen regt hier auch die Speisekarte selbst an: eine große Filmblechdose, die man beim Lesen des Angebots im Kreis dreht.

Die Speisekarte
als imagebildendes
Souvenir.
Das kulinarische
Ensemble des
World Financial
Centers, New York

Selbst Verhaltensregeln, die sich in Programmheften meist auf den legendären Satz beschränken: »Filmen, Fotografieren und Tonmitschnitte sind ausnahmslos untersagt«, findet man hier wieder. Dem Gast wird unter anderem nahegelegt: »If you can't make up your mind, order something expensive. Better for you ... better for us«, »Sit up straight«, oder eben: »After you're finished eating, stick around, relax, watch the trailers, have a drink. However, if we're busy we need this table immediately and this rule is canceled«. Alle nur erdenklichen Hintergrundinformationen können sich in lustvoller Weise auf Speisekarten befinden.
Programmhefte dienen jedoch nicht nur der Informationsvermittlung, sondern haben noch eine weitere Funktion, die vor allem im nachhinein zum Tragen kommt ...

Image vermitteln

Programmhefte sollen durch ihre optische Aufmachung das Image einer Theaterproduktion transportieren. Viele Cover zeigen entweder das Logo des Stücks, wie etwa die leuchtend gelben Augen von »Cats«, oder ein repräsentatives Bühnenbild, wie die Schlußszene von »Starlight Express«. Zusätzliche Details der Aufführung wie Großaufnahmen der Schauspieler und der Kostüme, originalgetreue Abbildungen wichtiger Bühnenbilder befinden sich meist im Inneren des Programms. Solche »header« erinnern den Besucher im nachhinein an die besonderen Momente einer Aufführung und erleichtern ihm somit die Berichterstattung im Bekanntenkreis. Das Programmheft wird zu einem imagebildenden Souvenir.
Genauso tragen Speisekarten das Image eines Restaurants

nach außen. In New York werden alle Lokale des World Financial Centers durch die in einer Vitrine aufgestellten Speisekarten repräsentiert (s. Foto S. 47). Der Gast kann das gesamte kulinarische Ensemble auf einen Blick betrachten. Er kann Aufmachung, Angebot und Preis vergleichen und sich schließlich auf Grund der Speisekarte für ein bestimmtes Restaurant entscheiden. Die Speisekarte wird dadurch zu einem wichtigen Aushängeschild. Im *Blue Lagoon*, dem Piratenrestaurant im Pariser EuroDisney, vermittelt die Kinderspeisekarte den Spirit des gesamten Parks: ein Spiel ist in die Speisekarte, die die kleinen Gäste behalten dürfen, integriert.

Für viele ist das »menu« genauso wie jedes Programmheft ein beliebtes Souvenir und Sammelobjekt. Die meisten amerikanischen Diner, wie das *Planet Hollywood*, das *Hard Rock Café*, *Michael Jordan's Restaurant* und Steven Spielberg's *Dive!*, aber auch schon einige europäische Restaurants, wie das Schweizer *Movie*, bieten es deshalb in den angrenzenden Merchandising Shops zum Verkauf an.

Die sieben Ingredienzen der Speisekarte

Hintergrundinformationen vermitteln durch

1. die Besetzungsliste
2. eine Inhaltsangabe, die eventuelle Wortspiele erklärt
3. einen Lebenslauf, der die Geschichte enthüllt
4. den zeitlichen Ablauf, um die innere Uhr zu strukturieren
5. Verhaltensregeln

Image vermitteln durch

6. eine spielerische oder außergewöhnliche Gestaltung
7. die Speisekarte als Sammelobjekt

Show, Show und nochmals Show

Musik erklingt. Es ist der Song »Why don't you do right«. Ein einzelner Spot richtet sich auf eine blonde Lady im bodenlangen roten Paillettenkleid. Nein, es ist nicht Jessica aus dem Film »Falsches Spiel mit Roger Rabbit«, aber die Sängerin sieht ihr verblüffend ähnlich. Die letzten musikalischen Töne verstummen, rauschender Beifall. Kurze Pause, und schon wandert das Licht und damit jeder Blick in die Kuppel des Zeltes, wo Artisten den nächsten Trapezakt vorführen. Plötzlich stürmen im Laufschritt zwanzig Kellner in den Saal und servieren den dreihundert Gästen das Dessert in wenigen Minuten.

Hier, in diesem »restaurant out of control«, finden wir die absolute Verschmelzung von Entertainment und Gastronomie. Alles wird zur Show, alles ist inszeniert: »panem et circensis«, also Brot und Spiele in einem. Bei *Pomp, Duck & Circumstance* werden ganz bewußt Restaurantelemente durch Theaterelemente verdichtet und beide Brain Scripts – Theater und Restaurant – zu jedem Zeitpunkt gleichzeitig aktiviert. Die Kellner werden zu Schauspielern, der Gast zum Zuschauer oder auch Mitspieler. Der Speisesaal wird zur Bühne.

Der Beginn jeder Theateraufführung wird durch das dritte Läuten, das Verdunkeln des Zuschauerraums und das Heben des Vorhangs angekündigt. Mit dem Einziehen des Lichts erhöht sich auch die Gespanntheit des Zuschauers, der die Gespräche mit seinen Nachbarn einstellt und seine gesamte Aufmerksamkeit auf die Bühne richtet. Das Heben des Vorhangs schließlich enthüllt das erste Bühnenbild: die Vorstellung ist eröffnet.

Auch in der Gastronomie sollte man durch ankündigende Elemente den Gast auf die kulinarische Vorstellung vorbereiten. Die häufigste und einfachste, aber auch am meisten mißachtete Möglichkeit dafür ist das Anzünden der Tischkerzen durch den zuständigen Kellner. Erst wenn die Kerze am Tisch brennt und der Gast das wärmende Lichtflackern wahrnimmt, beginnt für ihn die Vorstellung. Und das hat spätestens beim Überreichen der Speisekarte zu erfolgen. Wer die Kerze nicht rechtzeitig anzündet, eröffnet nicht die kulinarische Vorstellung und wirft den Gast gewissermaßen hinaus.
In vielen japanischen Restaurants, wo die Tischkerze unüblich ist, wird dem Gast statt dessen ein heißes feuchtes Tuch übergeben, mit dem er seine Hände reinigen kann. *Do&Co*, ein bekannter Wiener Caterer, signalisiert den Beginn des kulinarischen Entertainments auf den Lauda-Air-Flügen durch das Überreichen eines blütenweißen ›Tischlein-deck-dich‹: ein leinenes Tischtuch mit passender Serviette, in dem ein Edelstahlbesteck steckt. Man wird aufgefordert, seinen Tisch selbst zu decken, und als Dank bekommt man sogleich ein Glas Prosecco überreicht.

Einen Aperitif erhält man im *Breakpoint*, dem Design-Italiener in Frankfurt/Rödelheim, noch bevor man Platz genommen hat: ein kleines Geschenk als Willkommensgruß, denn hier soll die Vorstellung nämlich schon in dem Moment beginnen, in dem man das Restaurant betritt.
Viele Lokale verändern je nach Tageszeit ihre Funktion und Atmosphäre. Dem Gast sollte man diese Funktionswechsel geschickt zu verstehen geben.

Übergänge signalisieren

Das *Café im KunstHaus* in Wien ist tagsüber ein normales Kaffeehaus und am Abend ein gemütliches Restaurant. Lichtveränderungen signalisieren den Übergang von der Tages- zur Abendatmosphäre: Langsam werden Kerzen aufgestellt und das künstliche Licht wird reduziert. Das Lokal wirkt durch diese Beleuchtung beruhigender und gediegener. Im schon oft erwähnten *Teatriz* kündigt um Punkt Mitternacht das Lauterwerden der Hintergrundmusik das Ende des Restaurant- und den Beginn des Barbetriebs an. Solche Veränderungen im optischen und akustischen Bereich spürt man auch physisch, so sagt es die Psychologie. In der Regel gilt: Je heller und lauter ein Raum, desto erregender wirkt er; je dunkler und leiser, desto beruhigender. Das Reduzieren des Lichts senkt also das persönliche Aktivierungsniveau des Gastes, und das Aufdrehen der Musik hebt es.
Solche spürbaren Veränderungen stimmen den Gast auf eine neue Vorstellung ein.

Den Beginn signalisieren durch
1. ein ankündigendes Element wie
die Tischkerze anzünden,
ein heißes Tuch übergeben,
ein Geschenk überreichen

eine neue Vorstellung eröffnen durch
2. Lichtveränderungen
3. akustische Veränderungen

Drei Möglichkeiten, die Vorstellung zu eröffnen

Getting ready for the Show!

Im Gourmettempel *El Tragaluz* kann man beobachten, wie sich die Kellner langsam auf ihre Aufgabe vorbereiten. Eine Stunde vor Öffnung des Restaurants – die Bar ist durchgehend zugänglich – betreten sie in Alltagskleidung ihren Arbeitsplatz. Dabei wählen sie natürlich nicht denselben Weg wie die Gäste, sondern treten gleich nach dem Eingang hinter die Theke und gelangen auf diesem Weg in die Küche. Nun wird der rote Samtvorhang, der den Barbereich vom Speiseraum trennt, zugezogen und die »Kellner« decken – noch immer in Privatkleidung – den Tisch für ihr gemeinsames Abendessen. Nach dem Mahl, wenn alles für die Gäste präpariert wurde, schlüpfen sie in ihre Arbeitskleidung, in diesem Fall schwarzer Frack oder weißes Jacket, ziehen den Vorhang auf und geben den Raum für die Gäste frei. Sie selbst befinden sich nun in der Rolle der Kellner. Genauso wie ein Schauspieler bereitet sich auch ein Kellner auf die Show vor. Auf der sogenannten Hinterbühne, also dem Ort, der normalerweise den Augen des Publikums verborgen bleibt, in diesem Fall die Garderobe, findet seine Verwandlung statt. Er zieht sein Kostüm an, legt die Maske auf und schlüpft somit langsam in seine Rolle. Wenn er die Hinterbühne verläßt, um sich auf die sogenannte Vorderbühne zu begeben, verkörpert er nur mehr die darzustellende Figur und ist bereit, sich den Blicken des Publikums auszusetzen.

Die Hinterbühne

stellt auch während der Vorstellung ein wichtiges Rückzugsgebiet für jeden Schauspieler dar. Hier kann er sich für kurze Zeit entspannen, etwas aus der Rolle fallen und sich für seinen nächsten Auftritt rüsten.

In jedem Lokal befindet sich genau so ein Ort, zu dem im allgemeinen kein Mitglied des Publikums vordringt, an dem die Kellner unter sich sind: die Küche. Hier, in ihrem Territorium, können sie ihren Ärger über die Gäste abbauen, eine Zigarette rauchen oder ihre Kleidung in Ordnung bringen. Erving Goffman, der bekannte amerikanische Soziologe, beschreibt in seinem Buch »Wir alle spielen Theater« auf eindrucksvolle Weise die Verwandlung eines Kellners, wenn er die Küche verläßt: »Es ist ein belehrender Anblick, einen Kellner in den Speisesaal eines Hotels gehen zu sehen. Wenn er durch die Türe geht, macht er eine plötzliche Wandlung durch. Die Haltung seiner Schultern ändert sich; aller Schmutz und aller Ärger sind in diesem Augenblick von ihm abgefallen. Er gleitet mit feierlicher, priesterlicher Miene über den Teppich ...« Er befindet sich auf der Vorderbühne und ist bereit, mit dem Gast in Interaktion zu treten.

Den Kellner aufwerten

Das Verhältnis zwischen Kellner und Gast ist in verblüffender Weise jenem zwischen Schauspieler und Zuschauer ähnlich. Der Schauspieler wirbt von der Bühne aus um die Gunst des Publikums, welches in der überlegenen Position ist, den Beifall zu verwehren. Es ist, wie Watzlawick es bezeichnen würde, eine Beziehung, die auf Ungleichheit basiert: einer befindet sich in einer schwächeren Position als der andere.
In der Gastronomie weist schon das Wort »Dienstleistungsgewerbe« auf eine ähnlich ungleiche Rollenverteilung hin. Hier signalisiert der Gast jedoch durch das Hinterlassen und die Höhe des Trinkgelds, ob er mit den Diensten des Kellners zufrieden war: eine komplementäre Beziehung eben.
Im ausgehenden 20. Jahrhundert versucht man nun, von dieser traditionellen Rollenverteilung ein wenig abzuweichen und beiden - Kellner und Gast - einen Erlebnismehrwert zu bieten. Der Kunde soll zwar noch immer König bleiben, die Beziehung Kellner - Gast jedoch auf Gleichheit beruhen, also im Sinne Watzlawicks »symmetrisch« sein. Das funktioniert, indem man den Kellner in seiner Position aufwertet und ihm außergewöhnliche Fähigkeiten oder besondere Eigenschaften zukommen läßt. Einige Möglichkeiten im Überblick:

Aufwertung durch Autorität

Im *El Tragaluz* in Barcelona wirkt der Chef de Table in seinem strahlend weißen Jacket, welches eher an einen Offizier als an einen Kellner erinnert, durchaus wie eine Respektsperson.

Würdevoll gibt er den vornehmen Gästen die einzuhaltende Bestellabfolge der Speisen vor, zuerst die Vorspeisen aller Beteiligten, dann alle Hauptspeisen usw. –, sucht den passenden Wein dazu aus und zeigt seine Bildung, indem er in verschiedenen Sprachen parliert – französisch bevorzugt. Die Besucher würden ihn nie wie einen im »Dienstgewerbe« Arbeitenden behandeln.

Bei *Pomp, Duck & Circumstance* gibt es den »Herrn Lutz«, den Prototyp eines autoritären Oberkellners, der von sich selbst behauptet, daß er Gäste haßt. Mit stechend blauen Augen, bösem Blick und langen Haaren sorgt er bei ausgelassener Stimmung radikal für Ordnung.

Aufwertung durch eine Show

Um das Image ihrer Kellner zu verändern, ließ sich der Besitzer der *Spaghetti Factory* in Zürich, einem Restaurant, in dem ausschließlich italienische Teigwaren serviert werden, ein besonderes Ereignis einfallen. An einem bestimmten Tag werden die Gäste beispielsweise von »Singing waiters« bedient. Die »Schauspieler« schlüpfen neben ihrer Kellnerrolle noch in die des Sängers und kreieren dadurch eine einzigartige Kommunikationssituation, auf die sich alle Anwesenden einlassen müssen.

Im *Movie*-Restaurant ist der Auftritt des Personals bereits zur Institution geworden. Einmal pro Abend findet der sogenannte »Staff Dance« statt: eine kurze Show, bei der die Kellner zu lauter Musik singen und tanzen. Dabei jubeln ihnen die Gäste zu, feuern sie an und honorieren ihre Leistung durch Applaus: eine ganz ungewöhnliche Kellner-Gast-Beziehung.

Bei *Pomp, Duck & Circumstance* wird neben den artistischen und kabarettistischen Fähigkeiten des Personals auch das perfekte Teamzusammenspiel in den Vordergrund gerückt. Der Chef de table, ein Liliputaner, gibt das Kommando, und auf eins, zwei, drei werden alle »cloche de service« an einem Tisch gleichzeitig geöffnet, alle Speisen gleichzeitig aufgedeckt: ein Timing, das jeden Gast staunen läßt.
Zu einem perfekten Team gehört natürlich auch eine einheitliche Kleidung, die die Zugehörigkeit signalisiert. Im *Flieger & Flieger* in Wien/Laxenburg kleiden graue Fliegeroveralls themenentsprechend das Personal, und in vielen Gourmetrestaurants unterscheidet sich der Somélier vom Oberkellner nur durch kleine Aufnäher am Revers.

Aufwertung durch Geschicklichkeit

Das *Tam Nak Thai* in Bangkok steht im Guiness Buch der Rekorde als das größte Restaurant der Welt. Für mich sind dort jedoch die Kellner die Attraktion, die die enormen Distanzen auf Rollschuhen überbrücken und dabei geschickt schwere Tabletts jonglieren.
Im schon erwähnten italienischen Restaurant *Breakpoint* in Frankfurt macht sich der Besitzer seine sprachliche Geschicklichkeit zunutze und betitelt das Dessert poetisch: »Ein Zitroneneis mit einer Träne Grappa.«
In einer erst kürzlich eröffneten Bar in New York wird die Geschicklichkeit der Gäste gefordert. Das Servierpersonal des *Twins* besteht, wie der Name schon sagt, ausschließlich aus Zwillingen. Jeder Besucher liefert sich also dem Spiel aus: »Wie kann man die beiden unterscheiden?« Auch hier wird

eine neue Situation geschaffen, in der der Gast versucht, vom Kellner möglichst viele Informationen zur Unterscheidung der Zwillinge zu bekommen.

Das Beiseitesprechen

stellt eine besondere Spielform dar, die vom Theater in die Gastronomie übergegangen ist. Schauspieler vermeiden es meist, aus der Rolle zu fallen und versuchen, mit ihrer Figur ganz zu verschmelzen. Beim Beiseitesprechen tritt der Schauspieler für kurze Zeit aus seiner Rolle heraus, läßt dem Publikum gewisse Hintergrundinformationen zukommen und weiht es so in die Handlung ein.

Die Ober im berühmten Wiener Stadtbeisl *Figlmüller* mit den »most famous Schnitzel in Vienna« haben diese Spieltechnik übernommen. Hier wird jedoch das Spiel intuitiv und aus dem langjährigen Selbstverständnis der Kellner heraus gehandhabt. Immer wieder übermitteln sie durch Beiseitesprechen den Gästen eines Tisches Informationen über die Gäste eines anderen. So erfährt man zum Beispiel die Bestellprobleme einiger Touristen, das mangelnde und zu mindere Trinkgeld oder die politischen Meinungen einiger Anwesender. Neuankömmlinge wundern sich meist über die Redseligkeit und meist auch etwas »grantige« Art des Herrn Ober, werden jedoch im Laufe der Vorstellung in das Geschehen einbezogen. Sie werden zu Eingeweihten, die wissen, wie das Spiel zu verstehen ist, und die das Beiseitesprechen als besondere Leistung anerkennen.

All diese Inszenierungsmöglichkeiten verändern das Image des Personals und damit auch die Beziehung Kellner-Gast.

Sieben Tips für die Inszenierung von Kellnern

Verwandlung der Kellner

1. auf der Hinterbühne

mittels

2. Kleidung oder Kostüm
3. besonderen Accessoires

Aufwertung der Kellner durch

4. Autorität
5. Expertenwissen
6. besondere Fähigkeiten wie
   Rollschuhfahren,
   perfektes Teamzusammenspiel,
   Sprachgewandtheit
   Beiseitesprechen
7. die Übernahme einer zweiten Rolle,
   z.B. als
   Kaberettist oder Artist,
   Sänger oder Showman,
   Zwilling

Der Gast als Zuschauer oder Mitspieler?

Die Hintergrundmusik verstummt für einen Augenblick und das Licht wird eingezogen. Plötzlich ertönen die Klänge von »Happy Birthday«, jemand trägt eine kleine Torte mit einer brennenden Kerze herein, und das gesamte Serviceteam des *Movie* versammelt sich um einen Tisch. Ein Geburtstagskind wird gefeiert und beklatscht, ein Scheinwerfer richtet sich auf sein Gesicht und ein Erinnerungsfoto – Polaroid natürlich –

wird geschossen. Nochmals Applaus, dann kehren alle zur Tagesordnung zurück.

Für kurze Zeit wird ein Gast aus seiner Anonymität herausgeholt und auf die Bühne gebeten. Die Crew stellt ihn in den Mittelpunkt und macht ihn so zum Star des Abends. Der Gast wird hier zum Mitspieler, der auch den Verlauf der Vorstellung vorantreibt: ein Prinzip, welches mir vor allem im interaktiven Theater aufgefallen ist.

In »*Tony n' Tina's Wedding*«, einem amerikanischen Theaterstück mit integriertem Dinner, das wir in Chicago analysiert haben, übernimmt das Publikum während der Trauungszeremonie und beim anschließenden Empfang die Rolle der Hochzeitsgäste. Das Stück sieht vor, daß sich der Zuschauer wirklich als Teil der Familie fühlt: er sollte dem Anlaß nach adäquat gekleidet sein, wird immer wieder nach seiner Beziehung zu Braut oder Bräutigam gefragt, muß sich mit anderen Gästen während des Dinners über die berührende Hochzeit unterhalten und sollte schließlich mit einem der Jungvermählten tanzen. In einem anderen Stück in Chicago, »Shear Madness«, wirkt der Zuschauer an der Aufklärung eines Mordes in einem Frisiersalon mit. Nach begangenem Mord auf der Bühne, während des Verhörs, wird der Zuschauerraum erhellt und das Publikum gebeten, die Aussagen der Verdächtigen richtigzustellen. Schließlich wird mittels Abstimmung der Mörder überführt. Der Ausgang des Stücks wird natürlich, um Wiederholungen zu vermeiden, täglich neu festgelegt. Auch hier wird dem Besucher eine ganz bestimmte Rolle zugedacht, die ihn zum Mitspieler macht.

In den meisten Lokalen entscheidet sich der Gast während seines Besuchs für die Art seiner Rolle: entweder er bleibt Zuschauer und beobachtet passiv das Geschehen von seinem

Platz aus, oder er wird Akteur und verläßt sein Territorium, um sich auf die Bühne zu begeben. Am deutlichsten läßt sich dieser Rollenwechsel in Diskotheken aufzeigen. Schon die räumliche Trennung von Tanzfläche und Sitzgelegenheiten weist auf zwei verschiedene Verhaltensbereiche hin: die Tanzfläche als Bühne, auf der sich die Tänzer im wahrsten Sinne des Wortes ins Scheinwerferlicht begeben, und die Sitzgelegenheiten, die den Besucher zum Zuschauer werden lassen, ihm meist den Blick auf die Bühne gewähren.

Der Gast und sein Territorium

Genauso wie die Kellner besitzen auch die Gäste einen Ort des Rückzugs: die Toiletten. Auf dieser speziellen Hinterbühne kann der Besucher davon ausgehen, daß er von Gleichgesinnten umgeben ist. Er kann ungeniert kleine Korrekturen an seinem Outfit anbringen: etwa den Lippenstift nachziehen, die Frisur modellieren oder die Krawatte zurechtrücken. Üblicherweise vermitteln Toiletten das Gefühl von Privatheit und Zurückgezogenheit. Im *Movie* sind diese Orte regelrecht als Schauspielergarderoben gestaltet, mit allem was dazugehört: einem Namensschild an der Tür für die Damen »Michelle Pfeiffer« und für die Herren »Richard Gere«, einer alten Trokkenhaube im Vorraum und einem Spiegeltisch mit Bürste und Haarspray. Das Phänomen des Frischmachens wird in den Restrooms der Kette *Planet Hollywood* durch Hunderte, beim Waschbecken aufgestellte Parfumflaschen verstärkt. Für ein Trinkgeld, meist einen Dollar, kann man sich mit seinem Lieblingsduft besprühen.

Exhibitionistische Toiletten

Einige Lokale gehen bei der Gestaltung ihrer Toiletten eine Stufe weiter und verwandeln sie zu öffentlichen Plätzen des Exhibitionismus und des Voyeurismus.

Was sagen Sie dazu: auf der Herrentoilette von Alfredo Arribas *Torres de Avila* in Barcelona befindet sich ein runder Billardtisch – vom Pissoir nur durch einen transparenten weißen Vorhang getrennt –, an dem sowohl Männer als auch Frauen spielen. Im *Pink'e's*, einer Aufreißer-Bar für die »Landjugend« in Las Vegas, wo selbst die Billardtische knallig pink sind, wurde vor allem Wert auf die Inszenierung der Damentoilette gelegt. Männliche, fast schon pornographische Aktfotos tapezieren die gesamten Wände, und Unmengen von Taft-Dosen und Kondomen stehen zur freien Verfügung: really shocking für das prüde Amerika!

Und im *Ticktacktoe* – ebenfalls in Barcelona – schwebt der gemeinsame Waschraum für Männer und Frauen auf einer gläsernen Brücke über der Bar, so daß die Gäste an der Theke das Zurechtmachen der Toilettenbenützer beobachten können. Die Hinterbühne verwandelt sich somit in eine Vorderbühne. Das, was früher versteckt wurde, wird in unserer heutigen Zeit immer transparenter. Die Toiletten werden zu einem Teil der Gesamtinszenierung des Lokals.

Viele Gestalter fordern an diesen besonderen Orten auch eine hohe Geschicklichkeit von ihren Gästen. So verschließt man die Toilettentür in Starcks *Teatriz* mittels einer überdimensional großen Schraube, die man bei spektralreinem Rotlicht in das richtige Loch drehen muß, und bevor Wasser in den barocken Marmor-Waschtisch fließt, muß man erst die versteckten Knöpfe am Boden finden. Geschicklichkeitsspiele

Überdimensionale Vidi-Wall in der Bar von »Michael Jordan's Restaurant« in Chicago

solcher Art aktivieren den Gast und bieten ihm eine zusätzliche kleine Vorstellung – nur schade, daß sie in unseren Breitengraden noch nicht so verbreitet sind.

Vier Tips zur Aktivierung der Gäste

Den Gast zum Mitspieler machen durch

1. eine bestimmte Rolle, die er ausfüllen muß
2. einen Geburtstags-Akt
3. Bereiche, in denen er sich ins Scheinwerferlicht rückt
4. spielerische Toilettengestaltung wie
   einen Ort des Rückzugs oder
   einen Ort des Exhibitionismus.

Die Bühnenverwandlungen

Gebannt blicken alle zur Theke. Auf einer riesigen Leinwand – einer Vidi-Wall – wird gerade das aktuelle Baseballmatch übertragen (s. Foto S. 63). Live und unter Gleichgesinnten kann man hier, in der Bar von *Michael Jordan's Restaurant*, die meisten großen Sportveranstaltungen miterleben. Durch die überdimensionale Präsentation nimmt jede Übertragung sofort den gesamten Raum für sich ein und wird dabei zu einer allgegenwärtigen Vorstellung.

Ausgerechnet in Augenhöhe montierte Alfredo Arribas in seinem *Network Café* die kleinen TV-Geräte an jedem Tisch. So kommt man auch hier nicht umhin, die ungewöhnliche Kommunikationssituation zu akzeptieren und während des Dinners die alten Schwarzweißspielfilme zu verfolgen: eine kleine Anspielung auf unser aller Unsitte, vor dem Fernseher zu essen (s. Foto S. 66). In den Lokalen der Kette *Planet Hollywood* wiederum werden die kurzen Videos zur Filmgeschichte auf einziehbaren oder in die Kulisse eingebauten Leinwänden gezeigt (s. Foto S. 67). Vor jedem Beitrag wird das Licht gedämpft, die Leinwand ausgefahren und nach der Übertragung wieder eingezogen. Jede neue Filmcollage erregt so die Aufmerksamkeit der Gäste, die Vorstellung wird immer wieder neu eröffnet.

Das *Breakaway* in Rotterdam setzt Videomonitore in einer ganz anderen, ungewöhnlichen Funktion ein. In diesem Selbstbedienungs-Diner bestellt man das Essen direkt in der Küche – an einem alten gelben Schulbus –, bekommt eine Nummer überreicht und wartet an seinem Tisch auf die Zubereitung. Aufgerufen wird man hier jedoch nicht über einen Lautsprecher, sondern durch das Verfärben von Billardkugeln: auf einem Monitor in der Mitte des Raums findet man anfangs die Bestellnummer in Form einer roten Billardkugel wieder. Sobald die Bestellung abholbereit ist, rollt die Kugel in ein zweites Feld und verfärbt sich grün. Der Gast weiß nun, was zu tun ist. Der Videomonitor dient der spielerischen Kommunikation und verdeutlicht optisch den Scriptvorgang, die Selbstbedienung.

Um ihren Gästen stets neue Reize und Erlebnisse zu bieten, verändern gewisse Lokale immer wieder ihr Bühnenbild optisch und akustisch.

Optische Veränderungen

Der Besuch der *Zsa Zsa*-Bar in Barcelona bringt einige architektonische Überraschungseffekte mit sich. Betritt man das

TV-Geräte in Augenhöhe im »Network Café« in Barcelona

In der Kulisse eingebaute Leinwand im »Planet Hollywood« in Minneapolis

Lokal, so wirkt es eher klein und gemütlich. Perserteppiche befinden sich an der einen Wand und an der anderen eine geometrische Fläche von gelbleuchtenden Glasfliesen: sehr ästhetisch, aber eigentlich nichts Besonderes. Allmählich verändern sich jedoch die Wandreflexionen. Die Perserteppiche spiegeln sich auf der gegenüberliegenden Seite, die Glasfliesen werden immer transparenter und geben schließlich den Blick auf die dahinterstehenden Flaschenregale frei. Diese Lichtreflexionen animieren den Gast, stets die Raumwahrnehmung neu zu adaptieren. Die gesamte Aufmerksamkeit wird immer wieder auf die architektonische Vorstellung gelenkt.

So bemerkt auch der Gast des *Benihana Village* – dem japanischen Dorf im Las Vegas Hilton Hotel – die leichten Veränderungen der ihn umgebenden Kulissen. Das bunte, professionelle Theater-Licht über dem durch das gesamte Lokal fließenden Bach verändert sich immer wieder, ab und zu beginnt es tatsächlich ins Wasser zu regnen, der Gast kann dem wohligen Plätschern lauschen, und schließlich beendet ein über den Köpfen der Gäste projiziertes elektronisches Feuerwerk die optischen und akustischen Verwandlungen der Bühne. Eine Vorstellung, die die Gäste vergessen läßt, wie die Zeit vergeht.

Der große Erfolg von Clubbings scheint unter anderem auch an diesen Bühnenverwandlungen zu liegen. Entweder diese außerordentlichen Tanzveranstaltungen finden jedes Mal an verschiedenen Plätzen statt, wie dies bei den »*XXX*« Clubbings in Wien der Fall war, wo die Jugendlichen unter dem Donauturm, der Donaubrücke oder in Lagerhallen tanzen konnten. Oder dieselbe Lokalität wird von Mal zu Mal neu gestaltet, nach dem Prinzip: »Immer dasselbe Theater, jedes Mal ein anderes Stück«. Das *Jackie 60's*, ein Club in der Lower West Side

New York, wo die Go-Go-Girls meist als Dominas auftreten, bietet jeden Dienstag eine neue skurrile, leicht sado-masochistische Kulisse. Jede Woche wird man dazu animiert, das neue Outfit des Lokals oder die neue Lokalität des Clubbings zu besichtigen.

Akustische Veränderungen

Plötzlich drehen die Kellner des *Breakpoint* die große Arie »Nessum Dorma« aus Puccinis Turandot auf volle Lautstärke und entschuldigen sich gleichzeitig bei uns für ihr musikalisches Bedürfnis. Wir alle freuen uns über diese gelebte »italienische« Spontaneität und die willkommene Abwechslung und lauschen den wohligen Klängen. Noch bevor wir realisieren, daß diese akustische Vorstellung unsere Tischgespräche unterbrochen hat, reduziert sich die Lautstärke auch schon wieder auf ein Minimum und wir können mit unseren Diskussionen fortfahren: die Kellner haben intuitiv ein perfektes Gefühl für das Timing und spüren die Bedürfnisse ihrer Gäste sofort. Ton-Events können mit der entsprechenden technischen Ausrüstung – einer Dolby-Surround-Stereoanlage – auch kalkuliert eingesetzt werden, um das unterschwellige Thema eines Lokals präsent zu machen. So fliegt zum Beispiel im *Flieger & Flieger*, dem Bier-Beisl in Wien-Laxenburg, immer wieder ein Helikopter oder Flugzeug über die Köpfe der Gäste hinweg, natürlich rein akustisch. Ab und zu gibt es auch einen simulierten Flugzeug-Absturz, der optisch durch rote Rundumleuchten und Qualm unterstützt wird.
Optische und akustische Bühnenverwandlungen lenken unsere Aufmerksamkeit auf besondere Details und lassen uns

durch kleine abwechslungsreiche Vorstellungen, die die Theatralik des Restaurants in uns präsent halten, den Aufenthalt kurzweilig erscheinen. Sie strukturieren in gewisser Weise unsere subjektive Zeiteinschätzung und bieten uns ein psychologisches Extra.

Zehn Tips zur Bühnenverwandlung

Einsatz von Videomonitoren

1. zur Unterhaltung
2. als überdimensionale Leinwand
3. in Kulissen eingebaut
4. in Augenhöhe am Tisch
5. zur Kommunikation mit dem Gast

Optische Bühnenverwandlungen wie

6. Lichtreflexionen
7. Lichtveränderungen
8. Kulissenveränderungen

Akustische Bühnenverwandlungen wie

9. Musiklautstärke
10. Ton-Events

Sich wie im Theater bewegen

Das *USA*, eine Diskothek in New York mit dem Thema »Sex & America«, animiert seine Besucher durch visuelle Reize, das gesamte Areal zu erforschen. So kommt man an in Käfigen tanzenden Go-Go-Girls vorbei, klettert Gerüste hinauf, um diese von oben zu betrachten; man kann in einer neonblauen Röhre hinabrutschen, Peepshow-Gänge durchqueren, in denen gerade auf Bildschirmen Pornos flimmern. Nach und nach beginnt man, hinter jede Tür und Wand zu blicken, entdeckt dabei den versteckten »Thierry Mugler Room«, in dem begehbare Feuertreppen verschiedene Aussichten ermöglichen und in dem eine Wahrsagerin die Zukunft liest; zwischendurch kann man sich in einem Clubraum in Fauteuils des Modeschöpfers Gaultier ausruhen, und schließlich gelangt man, ohne zu wissen, welchen Weg man eingeschlagen hat, wieder an den Ausgangspunkt zurück. Ständig wird man von Raum zu Raum und von Ebene zu Ebene gelockt. Das Erforschen und Entdecken bereitet einem solch große Lust, daß man immer wieder eine Runde dreht, um die verschiedenen Blickwinkel zu genießen. Gleiches geschieht gewöhnlich im Theater, wenn

die Besucher in den Pausen den prunkvollen Saal bewundern, wenn sie die Treppe auf- und absteigen, um in den Pausenraum zu gelangen und wenn sie schließlich durch die seitlichen Korridore zu ihrem Platz zurückkehren. Auch hier bringt uns die Inszenierung dazu, eine Runde zu drehen.
Wieso lassen wir uns von der Architektur zu solchen Rundgängen verführen? Welche psychische Motivation oder welches grundlegende Bedürfnis steht dahinter?

Als kognitive Landkarte

bezeichnet man in der Psychologie das innere Bild eines Ortes. Um in einem Areal mühelos zu navigieren, also um ohne Umwege von Punkt A nach Punkt B zu gelangen, müssen wir eine innere Vorstellung von diesem Ort entwickeln: wir müssen eine »cognitive map«, eine kognitive Landkarte erstellen.
Die beste Möglichkeit, sich einen räumlichen Überblick zu verschaffen, besteht darin »eine Runde zu drehen«, d.h. die verschiedenen Bereiche zu besichtigen, um sie miteinander in Beziehung zu setzen. Im *USA* registriert man auf seinem Rundgang ganz bestimmte Bezugspunkte. Man erkennt die verschiedenen Viertel, also die »districts«, wie den »Thierry Mugler Room«, den großen Tanzsaal oder den verschwiegenen Clubraum, die alle eine unverwechselbare Atmosphäre haben und meistens auch durch ein herausragendes Objekt – ein »landmark« – gekennzeichnet sind. Im großen Tanzsaal gibt es die neonblaue Rutsche und im Clubraum die Lederfauteuils von Jean Paul Gaultier. Man registriert die wichtigsten Verbindungswege zwischen den Bereichen, also die »Achsen«,

wie den Peepshow-Korridor, der den Tanzsaal mit dem Mugler Room verbindet. Und schließlich achtet man noch auf zentrale Plätze, also »Knoten«, in denen die wichtigsten Achsen zusammentreffen. Wenn man nun all diese Informationen gesammelt hat – »districts«, »landmarks«, »Achsen« und »Knoten« –, ergibt sich unweigerlich eine kognitive Landkarte, die einem hilft, sich zu orientieren und sich heimisch zu fühlen. Die »Runde« dient also in erster Linie der Erstellung einer »cognitive map«.
Wie kann man dieses Bedürfnis nach Orientierung für die Gestaltung von Lokalen nutzen?

»Districts« gestalten

Schon beim Betreten eines Gebäudes versucht man sich zu orientieren, sucht nach Merkpunkten, großen »Achsen« und verschiedenen »districts«. Der Eingangsbereich oder das Foyer bilden einen ersten »district«, der sich durch seine Architektur deutlich von den übrigen Räumen absetzt. Meist ist es auch ein Knotenpunkt, von dem Wege in verschiedene Bereiche – Bar, Speisesaal, Garderobe, Toiletten – führen. Blickt man an dieser Stelle schon in weitere »districts« oder erkennt ein signifikantes »landmark«, so bekommt man einen ersten Überblick über die architektonische Anlage: die Bar ist vorne links, der Speisesaal rechts und die Garderoben geradeaus. Man kann die einzelnen Bedürfnisse räumlich zuordnen.

Das ist die Theorie – und die perfekte Anwendung findet sich ausgerechnet in einem Museum, das von jährlich acht Millionen Menschen aus der ganzen Welt besucht wird: im Louvre.

COGNITIVE MAPS

- inneres Bild von einem Ort
- helfen, sich in einem Areal zu orientieren
- machen einen Ort überschaubar

Achsen

- wichtige Verbindungswege
- stellen Beziehungen zwischen Orten her

Knoten

- Schnittpunkt der wichtigsten Achsen
- machen einen Ort bedeutsam

Districts

- unterschiedliche Viertel
- stellen eine Zugehörigkeit her

Landmark

- charakteristisches Merkmal eines Districts
- dient als Wegweiser

Das Hauptrestaurant – *Les Restaurants du Louvre* – befindet sich im Carrousel du Louvre, der unterirdischen Galerie neben dem großen Pariser Museum, und besteht aus zwölf kulinarischen Abteilungen, in denen an zwölf Theken Spezialitäten aus zwölf Ländern angeboten werden. Nach einem Rundgang kann sich der Gast problemlos orientieren und jedem kulinarischen Bedürfnis ein »district« zuweisen: dem köstlichen französischen Rotwein und Käse, den amerikanischen Muffins und den mexikanischen Nachos. Jedes gute Buffet bedient sich im Grunde der Methode, »districts zu gestalten«: es gibt meist die Vorspeisen-, Hauptspeisen- und Dessert-Abteilung und vielleicht noch einige andere.

Die Runde ermöglichen

In den meisten amerikanischen Restaurants verhindert das »wait to be seated« ein unmotiviertes Besichtigen des Lokals und somit auch die Möglichkeit, schon bei der Platzsuche eine kognitive Landkarte zu erstellen. Es braucht eine zusätzliche Motivation, um den Gast zu animieren, eine Runde zu drehen.

Das Besuchen der Hinterbühne – Toilette – bietet meist eine ideale Gelegenheit, während des Aufenthalts das gesamte Areal zu erforschen. Im *Network Café* muß man die gesamte Speiseetage durchschreiten, eine Wendeltreppe hinabsteigen und einen Billardraum durchqueren, um schließlich die Toilette zu erreichen. En passant erkennt man so die verschiedenen Bereiche des Lokals und erstellt dabei seine persönliche kognitive Landkarte.

Das *Planet Hollywood* spielt ganz bewußt mit der Lust am Entdecken. Hunderte ausgestellte Memorabilia aus den bekanntesten Spielfilmen animieren hier, vor allem nach dem Essen (vorher »wait to be seated«), das gesamte Areal zu besichtigen. Erstreckt sich ein Lokal über mehrere Etagen oder Ebenen, dann locken eben ganz besondere Exponate – als »landmarks« – von Raum zu Raum: etwa das Auto von Fred Feuerstein aus dem Film »The Flintstones« oder das Kostüm von Arnold Schwarzenegger aus »Terminator«.

Das Spiel mit der »cognitive map« bereitet dem Gast deshalb soviel Spaß, weil er dadurch mühelos in einem Areal navigieren kann und das Gefühl hat, »Herr der Lage« zu sein.

Applaus, Applaus

Jede Theatervorstellung wird mit dem Applaus, der Zeremonie des In-die-Hände-Klatschens, beendet. Viele Schauspieler treten in diesem Moment aus ihrer Rolle, nehmen ihre Maske ab, zeigen ihre wahre Identität und verbeugen sich vor dem jubelnden Publikum. Der Zuschauer bringt nun seine Emotionen zum Ausdruck. Durch die motorischen Bewegungen des Klatschens und den sich daraus ergebenden gemeinsamen Rhythmus kann er dabei auch verbliebene Restspannungen abbauen. Das Applaudieren wird für den Zuschauer zu einem befreienden »Abklatschen«.

In der kulinarischen Welt könnte das Klatschen mit dem Bezahlen der Rechnung gleichgesetzt werden. Dem Kellner wird durch die Höhe des Trinkgelds, genauso wie dem Schauspieler durch die Applaus-Länge, sein Engagement abgegolten. Gleichzeitig deutet das Zahlen auch das Ende der gastlichen Beziehung an. In Japan gilt zum Beispiel Geld als ein wenig unfein und anrüchig. Die Rechnungen werden deshalb außerhalb des Speisesaals, meist bei der Garderobe, beglichen, und dies signalisiert eindeutig das Ende der Gastlichkeit.

Anders als das Klatschen bietet das Zahlen im Lokal nicht den motorischen und rhythmischen Impuls, der sich zum Abbau von Restspannungen eignet. Einige Lokale versuchen dieses Manko jedoch auszugleichen.

In chinesischen Restaurants bekommt man nach dem Bezahlen der Rechnung meist noch einen Digestif, oft ein warmer Pflaumenwein, überreicht. Der Alkohol hat in gewisser Weise dieselbe physiologische Funktion wie das Applaudieren im Theater; er durchfließt wärmend den gesamten Körper und löst dadurch alle muskulären Anspannungen.

Auch im *Movie* weiß man, daß kleine Geschenke die Freundschaft erhalten und so liegen der Rechnung Bonbons bei. Im *Breakpoint* übergibt der galante Besitzer im Laufe des Abends jeder anwesenden Dame eine langstielige rote Rose, die während des Dinners als Tischdekoration dient und ihr beim Verlassen des Restaurants, vor der Tür nochmals galant als Geschenk überreicht wird. Eine rote Rose kann durch die entsprechende Inszenierung der Kellner zu einer ganz besonderen Vorstellung werden. Mit kleinem Aufwand erzielt man eine große Wirkung und eine bleibende Erinnerung für die Gäste.

Einige Lokale bieten den Gästen nach dem Mahl die Möglichkeit der körperlichen Aktivität. Im *Ticktacktoe* in Barcelona kann man Billard spielen, im *USA* eine Neonröhre hinunterrutschen, im *Lagoon Saloon,* einer Oase im Hotel Mirage in Las Vegas, das Tanzbein schwingen und im *Breakpoint* mit Ölkreiden spielerisch ausgelassen das Tischtuch bemalen.

All diese motorischen Aktivitäten lösen die Restspannungen des Gastes, der nun gelassen das Lokal verlassen kann.

Drei Tips für den Applaus

Lösen von Restspannungen durch

1. Alkohol
2. kleine Geschenke wie
Bonbons,
Blumen
3. körperliche Aktivität wie
Billard spielen,
tanzen,
malen

Der Abgang

Das Applaus-Ende, der letzte Vorhang und das Nachspiel des Orchesters fordern den Zuschauer endgültig zum Abgang auf. Die leere Bühne ist schließlich das eindeutige Indiz für das Ende der Darbietung. Aus denselben Gründen empfinden es die letzten Gäste in einem Lokal als unangenehm, wenn die Kellner beginnen, das Buffet aufzuräumen – die Bühne zu leeren –, die Stühle auf die Tische zu stellen und schließlich ihre Privatkleidung anzulegen, sich gewissermaßen zu demaskieren. Das Ende des kulinarischen Scheins und die Aufforderung zum Gehen sind unübersehbar und meist auch unüberhörbar.

In gut inszenierten Lokalen wird man jedoch, genauso wie beim gestalteten Entree, nach und nach auf seinen Abgang vorbereitet, begibt sich in dafür vorgesehene Bereiche des Gebäudes und durchläuft dabei einige Stationen.

Die schwarze Granittreppe führt in den Speiseraum von Starcks »Manin« in Tokio

Merchandising

Früher, als die Kultur der Souvenirstände im Theater noch nicht so verbreitet war, befriedigte das Programmheft oder das noch schnell erkämpfte Autogramm des Stars das Bedürfnis, etwas mitzunehmen. Heute kann man fast in jedem Theater die passende Musik, das adäquate T-Shirt oder Poster zur Aufführung kaufen. Die Strategie des Merchandising entspringt eigentlich nicht unserer Konsumgesellschaft, sondern wurde schon in den spanischen Theatern der Renaissance angewandt. Die Spielstätten dieser sogenannten Corrales hatten schon in ihrem Eingangsbereich diverse Läden, wo man sich Verpflegung und andere Utensilien kaufen konnte.

Fast jedes amerikanische Restaurant und auch schon viele europäische setzen genauso auf Merchandising, und so kann man im angrenzenden Shop alle möglichen Souvenirs erstehen. In *Michael Jordan's Restaurant* – in dem es eines der größten Souvenirgeschäfte gibt – reicht die Angebotspalette vom signierten Golfball über die Speisekarte und überdimensionale Poster des Stars bis zu teuren Lederjacken. Das T-Shirt aus den legendären *Hard Rock Cafés* ist schon seit Jahren ein beliebtes Mitbringsel für Daheimgebliebene. Und bei *Käfer's Bistro* am Frankfurter Flughafen kauft man am besten Kaviarbesteck, Kochbücher, die Firmen-Zeitung oder irgendwelche kulinarischen Spezialitäten.
Das Kaufen von Gegenständen hat neben dem Souvenircharakter auch den Effekt des Lösens von Restspannungen – ähnlich wie das Abklatschen. Kein Theaterbesuch, kein Restaurantaufenthalt kann jemals alle Erwartungen erfüllen. Kleine Restspannungen bleiben immer über und können durch das

Abkaufen – unter anderen Umständen als Frustkauf bekannt – gemindert werden. Deshalb sollte auch jeder Merchandising-Shop immer in der Nähe des Ausgangs plaziert sein und am besten erst nach dem Restaurant aufgesucht werden.

Den Abgang gestalten

Es gibt natürlich genauso wie beim Entree verschiedene Möglichkeiten, das Verlassen zu inszenieren.
In der Wiener Staatsoper, wie in jedem klassischen Theater, ermöglicht die große Marmortreppe im Foyer dem Besucher einen wahrhaftigen »Auftritt hinaus«: er schreitet die Treppe hinunter, kann sich mit jedem Schritt von dem Schein der Vorstellung lösen und sich auf die Realität vorbereiten. Langsam kann so das Theaterscript einem anderen neuen »Brain Script« (z.B. wie komme ich nach Hause?) weichen.
Philippe Starck bietet seinen Gästen in seinem berühmten Restaurant *Manin* in Tokio den gegenteiligen Effekt. Beim Betreten des Lokals schreiten die Besucher eine pompöse Granit-Treppe hinunter, welche sie beim Verlassen erklimmen müssen (s. Foto S. 81). Der Gast hat so das Gefühl aus einem Versteck emporzuklettern.
Alfredo Arribas bietet uns in seiner *Velvet-Bar* in Barcelona die Möglichkeit, zwei unterschiedliche Ausgänge zu nützen. Man kann die Bar über eine schwebende Hängebrücke betreten und durch einen langen, mit Palmen geschmückten, Korridor verlassen – oder umgekehrt. Welchen Weg man auch immer wählt, man wird eine weitere Facette des Lokals entdecken.
Der gestaltete Abgang hilft dem Gast also, das Restaurant-

Script nach und nach zu beenden und ein neues Brain Script, welches den weiteren Verlauf des Abends steuert, zu aktivieren.

Fünf Möglichkeiten, den Abgang zu gestalten

Etwas mitnehmen durch

1. Merchandising
hilft Restspannungen abzukaufen,
hat Souvenircharakter

Der gestaltete Abgang durch

2. den Auftritt hinaus
3. das Emporklettern
4. verschiedene Ausgänge (eine neue Facette entdecken)
5. das Aktivieren eines neuen Brain Scripts

Acht Bühnen der Erlebnis-Gastronomie

Die Konsequenzen aus all dem? Ein Merchandising-Shop in jedem Lokal? Berieselnde Videomonitore in jeder Blickrichtung? Mit Wortspielen übersäte Speisekarten und tanzende Kellner an jedem Abend?
Aber nein. Vielmehr geht es darum, die Bandbreite der Inszenierungs- und Gestaltungsmöglichkeiten zu entdecken und die Sprache der Erlebnisplanung zu verstehen. Das heißt, nicht dem neuesten Trend nachjagen, sondern im eigenen Lokal das gastronomische Selbstverständnis verwirklichen. Das bedeutet, für den Gast einen architektonischen Rahmen zu schaffen, in dem er seine persönlichen Bedürfnisse befriedigen kann.
Auf acht Bühnen verschmelzen die Bedürfnisse der Gäste, der Gastronomen und meist auch jene der Architekten. Es sind acht prinzipielle Möglichkeiten, den Gast in eine andere Welt zu entführen.

So kann sich der Gast in Lokalen vom Typ DER GROSSE AUFTRITT der Selbstdarstellung hingeben, sich beim TEMPEL dem Spiel mit dem Hineinkommen ausliefern, den Überblick bei DER SCHÖNEN AUSSICHT genießen oder die kulinarische Hinterbühne beim Prinzip DIE KÜCHE besichtigen. Er kann die Memorabilia im MUSEUM bestaunen, durch die SCHAULUST das gesamte Lokal erforschen, das zusätzliche Angebot des KLEINEN EXTRAS entdecken oder in der Welt der THEMENLOKALE versinken.

Immer wieder werden dabei Restaurantelemente mit theatralischen kombiniert und so beide Scripts - Restaurant und Theaterbesuch - aufgerufen: der Ablauf *Entree*, *Platzsuche*, *Programmheft*, *Vorstellung*, *Runde*, *Applaus* und *Abgang* wird immer wieder präsent gemacht. Jede Bühne hebt jedoch eines oder mehrere theatralische Elemente besonders hervor, so daß immer neue Kombinationen oder neue Zusammenhänge entstehen.

Lokale des Typus DER GROSSE AUFTRITT konzentrieren sich vor allem auf die Gestaltung exhibitionistischer *Entrees*.
DER TEMPEL setzt beim versteckten *Entree*, bei der verbotenen *Runde* oder bei der heiligen *Vorstellung* an.
Die *Platzsuche* und der Perspektivenwechsel der *Vorstellung* wird bei DER SCHÖNEN AUSSICHT in den Vordergrund gestellt. DIE KÜCHE präsentiert als *Vorstellung* die kulinarische Hinterbühne.
Im MUSEUM kann der Gast andächtig eine *Runde* drehen und die Memorabilia als eine informative *Vorstellung* genießen.
Die voyeuristische *Runde* ist ausschlaggebend für den Typus SCHAULUST.
DAS KLEINE EXTRA hebt die zusätzliche Bedürfnisbefriedigung beim *Applaus* hervor.

THEMENLOKALE schließlich inszenieren überall und machen die *Vorstellung* allgegenwärtig.

Wer einmal das grundlegende Prinzip jeder einzelnen Bühne verstanden hat, kann diese entweder mit viel Aufwand oder auch im Kleinen realisieren.

Viele Elemente, die ich hier als theatralisch bezeichne, kennen Sie aus ganz anderen alltäglichen Bereichen. Der Laufsteg etwa, eine der Gestaltungsmöglichkeiten des GROSSEN AUFTRITTS, erinnert eher an große Modeschauen als an das Theater selbst, und einige Lokale des Typs DER TEMPEL wurden unmittelbar von altägyptischen Tempelritualen inspiriert. Gräbt man jedoch ein bißchen in der Theatergeschichte, so entdeckt man, daß Tempel und Theater früher an einem Ort vereint waren und daß die großen Schauessen im Barock wie Theaterstücke aufgeführt wurden und der Selbstdarstellung der Herrschenden dienten. Viele Alltagsinszenierungen wurden in irgendeiner Weise vom Theater befruchtet oder haben es ihrerseits beeinflußt. Das Theater könnte also als Kristallisationspunkt für jede Art von Inszenierung betrachtet werden und ist in diesem Rahmen auch nur als Analogie zu verstehen.

Nun aber zurück zu den acht Bühnen der Erlebnis-Gastronomie und zur Palette der gestalterischen Möglichkeiten.

Der Große Auftritt

Ein dreimaliges Klopfen ist zu hören. »Lord and Lady Ashton!« kündigt der Lakai mit sonorer Stimme das soeben in der Tür stehende Paar an. Bei Königsempfängen und bei großen Bällen war es schon immer Pflicht, allen Gästen durch eine verbale Ankündigung einen großen Auftritt zu bescheren. Niemand sollte ungeachtet die Tür passieren.
Demselben Ritual folgend konzentrieren sich die Lokale des Typs DER GROSSE AUFTRITT vor allem auf die Gestaltung des Eingangsbereichs. Im Vordergrund steht die Inszenierung des Entrees, also jenes Moments, in dem der Gast das Lokal tatsächlich betritt, sowie des Foyers, also des Bereichs, in dem sich der Gast zu orientieren beginnt.

Morris Lapidus, Pionier unter den Architekten, beschreibt den perfekten »Großen Auftritt« so: »Um den Speiseraum zu betreten, muß man drei Stufen hinaufsteigen. Eine Tür öffnet sich, man steigt wieder drei Stufen hinunter. Der Speiseraum liegt auf derselben Ebene wie das Entree. Aber die Leute steigen nach oben, aufs Podest – ich habe einen Strahler so installiert, daß sie von unten beleuchtet werden –, und bevor sie sich setzen, haben sie ihren Bühnenauftritt gehabt. Haben ihre Rolle im Stück gespielt. Das Publikum betrachtet sie, und sie betrachten das Publikum.« Indem der Architekt seine Gäste ins »Rampenlicht« rückt, lenkt er die gesamte visuelle Aufmerksamkeit auf sie, zwingt sie zur Selbstdarstellung und führt sie so in das Restaurant ein. In jedem Fall wird dabei der Große Auftritt auch von den übrigen Gästen registriert.

Eine große schwarze Granittreppe

Ins Rampenlicht rückt auch Philippe Starck seine Gäste in seinem unvergleichlichen Restaurant *Manin* in Tokio (s. Foto S. 81). Über eine große schwarze Granittreppe, den Ort des obligaten Exhibitionismus, gelangt man in den Speiseraum. Durch die exponierte Lage der Treppe – von nahezu jedem Tisch einsehbar – und durch die relativ hohen Stufen kann man gar nicht anders, als achtsam hinunterzuschreiten, um den Blicken der übrigen Gäste standzuhalten. Jeder Gast wird so beim Betreten des Lokals registriert, genauso wie ein Schauspieler, der eine für ihn vorbereitete leere Bühne betritt. Dabei bekommt der Gast, durch die erhöhte Lage des oberen Treppenrandes, einen Überblick über die Atmosphäre, die anwesenden Gäste und deren Verteilung im Raum. Er kann sich schon beim Betreten des Restaurants orientieren und sich emotional auf die folgende Situation vorbereiten. Durch die exponierte Lage des Entrees gibt es natürlich auch kein Entrinnen, genauso wie die Protagonisten eines Musicals die obligate Treppe hinuntertanzen; jeder Fehler und jede Unsicherheit wird registriert. Der Wille zur

Selbstdarstellung und der sichere Schritt wird von jedem Gast gefordert.

Ein Laufsteg

Dasselbe Prinzip des Großen Auftritts, nur in horizontaler Form, realisierte Starck in der Lobby, gleichzeitig Eingang zu Café und Restaurant des Hotels *Royalton* in New York. Dieses Luxushotel in einer Seitengasse des Broadway ist, wie viele Kunstwerke dieses französischen Architekten, nur schwer zu finden, eröffnet sich sozusagen wie ein verborgenes Juwel. Über einen Laufsteg, markiert durch einen blitzblauen Teppich, muß der Gast, um das Restaurant zu erreichen, die gesamte Lobby durchschreiten (s. Foto S. 92). Der Laufsteg-Effekt wird durch die beobachtenden Blicke der Besucher des angrenzenden Cafés, das drei Stufen unter dem Podest liegt, verstärkt. Das Eintreten der Gäste wird also aufmerksam beobachtet, genauso wie Modeliebhaber die Models auf einem Laufsteg bewundern. Jeder Gast wird so auf ein Podest gehoben, sein Auftritt wird zu etwas Besonderem. Es verblüfft daher auch nicht, daß sich die Gäste des *Royaltons* vor allem aus Models, Fotografen, Schauspielern und Filmemachern zusammensetzen; aus Leuten, die das Rampenlicht und die Blitzlichter genießen.

Sich auf den Auftritt vorbereiten

Genauso wie sich Models auf das Überqueren des Laufstegs oder Musicaltänzer auf das Hinunterschreiten der Treppe

Ein blitzblauer Teppich als Laufsteg im Hotel »Royalton« in New York

Eine beleuchtete Brücke läßt den Gast in die »Velvet-Bar« hinabtauchen

vorbereiten, so müssen sich auch Gäste auf ihren Großen Auftritt physisch und emotional einstellen können. Das bevorstehende Ereignis muß also mittels »header« schon beim Eingang vorangekündigt werden. Ein Blick durch eine Glastür auf den Laufsteg oder einen kleinen Bereich vor der Treppe können da schon genügen. Im *Manin* in Tokio überquert der Gast, bevor er auf die Granittreppe stößt, eine Brücke, die ihm Einblick auf die zu erwartende Situation gibt. Im *Royalton* befindet sich vor dem Laufsteg ein Bereich, in welchem der Gast nicht so exponiert ist und von dem aus er noch ein Refugium, eine versteckte blaue Bar, aufsuchen kann. Die Selbstdarstellung wird zu einer freien Entscheidung.
Gleichzeitig bietet ein Spiegel oder eine Glasscheibe beim Entree dem Besucher zusätzliche Sicherheit. Hier kann er noch schnell seine Kleidung und sein Make-up überprüfen, genauso wie ein Schauspieler kurz vor seinem »großen Auftritt« nochmals einen »letzten Blick« riskiert, bevor er sich den Augen des Publikums ausliefert.

Überdimensionale Windfänge

Diesem Bedürfnis nach Sicherheit kommt Alfredo Arribas in unvergleichlicher Weise in seiner *Velvet-Bar* in Barcelona nach. Die Besonderheit dieser Bar der Auftritte besteht darin, daß die beiden Eingangsbereiche als überdimensionale Windfänge gestaltet wurden. Der Grundriß zeigt, wie die beiden Foyers dieselbe absolute Länge aufweisen wie der Barraum selbst (s. Grundriß S. 97). In diesen überdimensionalen Windfängen kann man sich nun auf seinen Großen Auftritt sorgfältig vorbereiten.

Zwei diskrete Eingänge – in unscheinbaren Torbögen – stellen einem schon vorm Betreten des Lokals vor die Qual der Wahl. Möchte man über einen langen Korridor in die Bar schreiten oder lieber über eine Brücke sanft hinabtauchen?
Vor einem der beiden Eingänge befindet sich das grafische Logo, ein roter Bumerang, als Glasvitrine in den Boden eingelassen. Vor dem anderen Eingang wurde der Name Velvet in Goldbuchstaben in den Boden gestanzt. Sofort werden durch diese »header«, Logo und Signet, Assoziationen zu Bars und David Lynchs Film »Blue Velvet« ausgelöst: man stellt sich darauf ein, eine bizarre Bar zu betreten.
Die eigentlichen Eingangstüren ermöglichen durch ihre gläsernen Seitenteile jeweils andere Einblicke in das Foyer. Man kann sich so auf die jeweilige Atmosphäre emotional einstellen, die den Gast hinter Tür 1 oder Tür 2 erwartet und eben eine der beiden Auftrittsmöglichkeiten wählen.
Der lange Weg von links: Man gelangt über eine beleuchtete Treppe zu einer Glastür mit roten Samtseitenteilen. Von dort geht es in einen gelb-grün illuminierten, sich leicht nach unten wölbenden Korridor hinein, in dem man immer neue Details entdeckt: ein überdimensionales Velvet-Signet, die grünleuchtenden Glasscheiben des Toilettenkomplexes, der Einblick in den Waschraum (s. Foto S. 97). Letztendlich gelangt man zu einer weiteren Stahltür mit »Gucklöchern« in den eigentlichen Barraum.
Der lange Weg von rechts: Die Eingangstür führt unmittelbar zu einer schrägen, von unten beleuchteten Brücke (s. Foto S. 93). In einer verruchten rot-blauen Umgebung, vorbei an kunstvoll drapierten roten Samtvorhängen, taucht man nun ins Lokal hinab (s. Foto S. 93). Auch hier erwartet den Gast an dieser Stelle eine weitere Stahltür, Eingang in den Barbereich.

Obwohl in Gestaltung und Atmosphäre sehr unterschiedlich, erfüllen die beiden Eingangsbereiche denselben Zweck: sie dienen dem Gast als Pufferzone, als überdimensionaler Windfang, vor seinem richtigen Großen Auftritt. Dort kann er die Situation und die Atmosphäre erkunden und sich sogar auf die Hinterbühne, die Toilette, zurückziehen, um sich noch zurechtzumachen. Wichtig bei der Gestaltung des Windfangs: der Gast soll möglichst viele Einblicke in verschiedene Bereiche bekommen, um sich langsam auf die folgende Situation vorzubereiten, und gleichzeitig dabei das Gefühl haben, weder drinnen noch draußen zu sein, aber noch unbeobachtet und geschützt.

Ein Auftritt für die Kellner

Um die Gleichwertigkeit zwischen Gast und Kellner herzustellen, ließ sich Arribas noch etwas Besonderes einfallen. Nachdem jeder Gast seinen Auftritt hatte, treten auf der den beiden Eingängen diametral gegenüberliegenden Seite, hinter einer halbrunden Bar, die Kellner durch eine offenstehende Tür ein. Tatsächlich befinden sich in der Mitte der Bar zwei Seitenblenden, die eine soeben aufgestoßene Flügeltür simulieren. Jedes Mal, wenn ein Kellner durch diesen Bereich die Bar betritt, bekommt er einen Großen Auftritt und weckt die Illusion, gerade die Tür aufzustoßen. Um den Signalcharakter des Hereinkommens zu verstärken, heben sich die Kellner durch knallrote Seidenblusen zusätzlich vom dunklen Hintergrund ab. Das *Velvet* verkörpert im wahrsten Sinne des Wortes die Bar der Auftritte, sowohl für die Gäste als auch für die Kellner.

Linker und rechter Eingang der »Velvet Bar« in Barcelona

Der Grundriß zeigt die überdimensionalen Windfänge der »Velvet Bar«

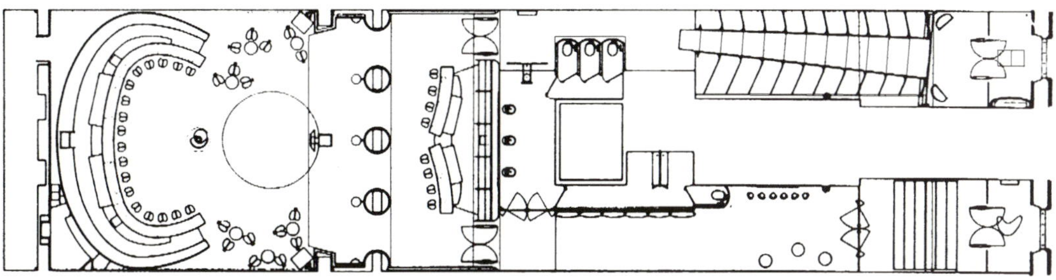

Einen Laufsteg für die Kellner, diese Idee wurde im erst kürzlich eröffneten *Fashion Café* im Herzen New Yorks realisiert. Die Inhaberinnen Claudia Schiffer, Naomi Campbell und Elle MacPherson, mit der Welt des Glitters und Glamours nur allzu gut vertraut, haben ihre Erfahrungen als Models in ihr Restaurant transferiert. Ein Laufsteg verbindet den erhöhten Speiseraum, ein Replikat der Pariser Place Vendôme, frech durch den Pariser Triumphbogen hindurch mit dem Kücheneingang, der wie die goldene Art-deco-Bühnenumrahmung der Radio City Music Hall gestaltet ist: Symbol für jeden großen Auftritt. Auf dieser erhöhten Plattform stolzieren nun die Kellner während ihrer Arbeit immer wieder an den Gästen vorbei. Der Kellner als Model: eine Analogie, die naheliegt, wenn noch dazu an jedem Donnerstag eine richtige Modenschau an derselben Stelle abläuft. Die Kellner werden auf ein Podest gestellt, genauso wie man früher den Thron des Königs auf eine erhöhte Plattform plazierte, um ihm die Ehre zu erweisen. Alles, was aufgewertet werden soll, wird räumlich erhöht dargestellt. Bei großen gesellschaftlichen Essen werden die Tische zu Tafeln gestaltet und die Speisen auf einem Podest präsentiert – das war schon immer so. Im Pariser Louvre kann man in den renovierten Appartements von Napoleon III. einen zwei Meter langen, mit edlem Marmor dekorierten Tafelaufsatz bewundern, der durch Treppen links und rechts in gewisser Weise als Laufsteg gestaltet wurde – für die die üppigen Gerichte auftragenden Bediensteten. Und auch heute noch werden in vielen Luxusrestaurants die edlen Desserts auf einem mehrstöckigen, aufwendig dekorierten Wagen herangerollt. Durch den Podest-Effekt werden die Speisen betont, aber im *Fashion Café* werden auch die Kellner zu Stars gemacht und in ihrer Rolle aufgewertet.

Wenn architektonische Voraussetzungen wie der Laufsteg, die Treppe oder der überdimensionale Windfang für einen Großen Auftritt nicht gegeben sind, so gibt es eine weitere Möglichkeit, jeden Gast effektvoll einzuführen: die persönliche Zuwendung. Im eingangs erwähnten *Cafe de Paris* in Monte Carlo gestaltet der Chef de table durch eine eindrucksvolle verbale Inszenierung das Entree seiner Gäste. Durch das Aufsehen, das er erregt, indem er für besondere Gäste sogar im überfüllten Lokal noch einen Tisch besorgt, dabei heftig mit ihnen parliert und seine gesamte Aufmerksamkeit auf sie richtet, lenkt er das Interesse aller Anwesenden auf die Neuankömmlinge. Auch sie müssen bei ihrem großen Auftritt den Blicken der übrigen Gäste standhalten und gekonnt durch die engen Gänge zwischen den Tischen zu ihrem Platz stolzieren.

Natürlich sollte jedem Gast beim Betreten eines Lokals ein Großer Auftritt zuteil werden: zumindest durch eine freundliche Begrüßung, ein nettes Lächeln und persönliche Zuwendung des Personals.

Was kann man Gastronomen empfehlen?

- Inszenieren Sie nur dann einen Großen Auftritt, wenn die Gäste, die Sie ansprechen wollen, Selbstdarstellung mögen.
- Stellen Sie vor jedem Laufsteg oder jeder großen Treppe dem Gast einen Bereich zur Verfügung, in dem er die Situation überblickt und sich auf seinen Auftritt vorbereiten kann.
- Wenn Ihr Restaurant zwei Eingänge hat, gestalten Sie den Windfang möglichst unterschiedlich.

- Geben Sie Ihrem Personal ein Podest, wenn Sie es durch einen Großen Auftritt aufwerten wollen.
- Vermitteln Sie Ihrem Personal, daß jede persönliche Zuwendung dem Gast einen Großen Auftritt geben kann.

Entree	**Die große Treppe**
Platzsuche	**Der Laufsteg**
Programmheft	**Überdimensionale Windfänge**
Vorstellung	**Persönliche Zuwendung**
Runde	
Applaus	
Abgang	

Der Tempel

Was man nicht so ohne weiteres bekommt, steigt unweigerlich im Wert. So ist es auch mit einem Ort, von dem man eine ungefähre Vorstellung hat, dessen Zugang aber erschwert wird. Das wußten schon die Bauherrn der Tempel im Alten Ägypten. Die Gläubigen gelangten durch einen schmalen Durchgang des riesigen Pylons, der den Eingang bewachte, in den Vorhof des Tempels. In dieser prächtigen Säulenhalle durften sich die gewöhnlichen Besucher aufhalten, ihre Gebete sprechen und die Heiligkeit des Ortes auskosten. Das Allerheiligste, schon im Vorhof einsehbar, befand sich im Mittelpunkt des Tempels, umgeben von Nebenräumen und Kammern, die zu Kultzwecken gebraucht wurden. Nur geweihte Priester – die Auserwählten – durften diese Bereiche nach langen Zeremonien betreten. Für die gewöhnlichen Menschen blieb das Allerheiligste immer unerreicht, aber nicht minder interessant.

Die Lokale des Typs DER TEMPEL bedienen sich alle der Strategie, scheinbar nur Auserwählte aufzunehmen. Einerseits

wird dabei das Bedürfnis des Gastes, jemand Besonderer zu sein, befriedigt. Andererseits erfährt das Lokal durch die Zutrittsbeschränkung eine Aufwertung. Die etwas elitäre Methode des Tempels kann nun auf drei verschiedenen Stufen des Theaterscripts ansetzen.
Entweder das Lokal präsentiert sich als verbotener Ort und gestaltet die Zutrittserschwernis schon beim Entree, oder der Gast stößt während seiner Runde auf versteckte Kammern und immer geheimere Bereiche. Oder aber die Heiligkeit eines Ortes wird für die Vorstellung ausgenützt, genauso wie die Theatergruppen im Mittelalter die Weihe der Kirchen für ihre liturgischen Aufführungen nutzten. Welche gestalterischen Möglichkeiten ergeben sich nun in diesen drei Arten, einen Tempel zu inszenieren? Und wie wird ein Gast letztendlich zum Auserwählten?

Um ins Allerheiligste eines Tempel-Lokals zu gelangen, muß man sich, so wie die geweihten Priester im Alten Ägypten, einer Zeremonie unterziehen. Schon vor dem Betreten des Lokals sollte man wissen, welche Regieanweisungen und welche Hintergrundinformationen man benötigt, um die verschiedenen Hürden zu überwinden. Der Gast muß also bereits im Vorfeld seine Geschicklichkeit einsetzen.

Verbotene Orte

Bei der ersten Möglichkeit, dem Lokal als verbotener Ort, steht die Gestaltung des Entrees im Mittelpunkt. Ein Zerberus, also ein Tempelwächter, an der Tür einer exklusiven Diskothek, eines Clubbings oder eines Gourmettempels genügt schon, um eine Warteschlange am Eingang zu initiieren und so die Aufmerksamkeit der Passanten auf dieses besondere Lokal zu lenken. Durch die Menschentraube, die sich dem Spiel »Wie komme ich hinein?« hingibt, wird der Ort interessant und in gewisser Weise aufgewertet.

Der Prototyp eines solchen Zerberus befindet sich in der Diskothek *Epsylon* in Reggio Emilia. Das Foto von Miro Zagnoli zeigt, was einen erwartet, wenn man das Lokal betritt. (s. Foto S. 105). Der Kopf des Kassiers wurde mittels einer Fresnellinse im Vergleich zu seinen Händen ins Überdimensionale vergrößert. Der starre Blick und der massive Hals unterstützen noch das bedrohliche und einschüchternde Äußere: diesem Blick und dieser Gesichtskontrolle muß man standhalten, um hineinzugelangen. Ganz klar, wie die Machtverhältnisse hier verteilt sind.
Im Prinzip erwartet uns am Eingang jedes Luxusrestaurants oder jedes Clubs ein freundlicher Zerberus, der nur jenen mit gültiger Reservierung oder Mitgliedschaft Einlaß gewährt und ungebetene Besucher höflich hinauskomplimentiert.

Das Spiel mit der Liste

In der bekanntlich exzentrischen New Yorker Nachtszene erscheinen eine gewöhnliche Gesichtskontrolle und ein banaler Türsteher unangebracht. Es entwickelte sich ein neues Geschicklichkeitsspiel, wodurch den Nachtschwärmern das Navigieren durch das hochpreisige Nachtleben und die Fülle von Veranstaltungen erleichtert wurde. Über halboffizielle Telefonnummern erfährt man die Highlights der Woche und kann sich auf eine Liste eintragen lassen, um bei bestimmten Veranstaltungen freien oder reduzierten Eintritt zu bekommen. Beim Entree des *Jackie 60's*, des Club *Ten*, der *Webster Hall*, des *USA* und vieler anderer Clubbings nennt man die Liste, etwa jene von Jean, auf der sich der eigene Name befindet, und wenn beide gefunden wurden, wird der Einlaß gewährt. Wer mit diesem Spiel nicht vertraut ist oder die falsche Nummer gewählt hat, muß sich nicht nur der üblichen Gesichtskontrolle ausliefern, sondern auch noch mindestens zwanzig Dollar zahlen. Das Spiel mit den Listen gibt dem Nachtschwärmer einen neuen Nervenkitzel, der sich durch den kostenlosen Eintritt und das Gefühl, Auserwählter zu sein, bezahlt macht.

Eine europäische Version diese Spiels wandten die Veranstalter der *XXX* Clubbings in Wien an. Diese besonderen Tanzveranstaltungen, die jedes Wochenende tausende Jugendliche anzogen, fanden immer an neuen entlegenen Orten statt. Nur über eine geheime Telefonnummer konnte man zwei Tage vor jedem Ereignis die Lokalität erfahren. Alle Anwesenden trugen so dasselbe Geheimnis in sich: Das Wissen um die richtige Nummer.

Eine falsche Fährte

Anders präsentiert sich der *Yabba Dabba Club* im Herzen von Barcelonas Rotlichtviertel. Wer die Adresse nicht genau kennt, wird die Bar, eine ägyptische Grabkammer, nicht ohne weiteres finden. Nur Insider passieren ohne Nervenkitzel die schwere Metalltür, auf der Marlene Dietrichs gemaltes Portrait den Gast mit den Worten »Marlene says Welcome to

Der Prototyp eines Zerberus in der Diskothek »Epsylon« in Reggio Emilia

yaba dabba club« begrüßt. Sogar der Blick durch die gläsernen Seitenteile der Tür wirkt für normale Nachtschwärmer nicht gerade einladend: In einem schummrigen, nur mit Kerzenlicht beleuchteten Raum strahlen die Lichter der bunten Neonröhren aus dem Allerheiligsten. Die Inschrift der Leuchttafel über der Bar »yabba dabba SƎX« verstärkt den zweideutigen Charakter der Bar und löst im Gast ein falsches, anrüchiges Script aus. Der Zerberus des *Yabba Dabba Club* besteht also nicht aus einem Türsteher, sondern aus dem Phänomen, den Besucher auf eine falsche Fährte zu führen und in ihm ein nicht adäquates Script auszulösen. Nur wer trotzdem – oder gerade deswegen – den Mut aufbringt, die Hürde zu überwinden und die Schwelle zu überschreiten, wird ein kleines Schmuckstück vorfinden: eine kleine Bar in mystischer Atmosphäre – Kerzenlicht, grün oxidierte Wände mit imitiertem ägyptischen Grabdekor, Räucherstäbchengeruch –, in der sich Barcelonas Nachtschwärmer wie in einem Club zu später Stunde treffen. Sofort revidiert man das falsche Script, beginnt seine Umgebung als entzückende Kulisse aufzufassen und freut sich, die falsche Fährte als Zerberus entlarvt zu haben.

Versteckte Kammern

Eine zweite Möglichkeit, ein Tempel-Lokal zu gestalten, besteht darin, nicht beim Eingang anzusetzen, sondern innerhalb des Gebäudes versteckte Kammern zu inszenieren. Während seiner Runde durchs Lokal trifft der Gast auf Bereiche, zu denen ihm der Zugang verwehrt oder erschwert wird. Dadurch steigen seine Neugierde und das Bedürfnis, die kogni-

tive Landkarte des Lokals zu vervollständigen. Er wird versuchen, die Spielregeln herauszufinden, um in dieses Allerheiligste zu gelangen. Dahinter steht eigentlich das bourgeoise Phänomen der Séparées, in denen die Privatsphäre von besonderen Gästen gewahrt bleibt. Viele trendige Diskotheken, Bars und Clubs sind heute dazu übergegangen, diese Kultur der Séparées aufzugreifen. In heiligen Räumen, meist nur mit Mitgliedskarte betretbar, werden einige auserwählte Gäste bevorzugt behandelt und von ihrer normalen Umwelt abgeschirmt. Es ist das Club-im-Club-Prinzip, das wahrscheinlich nur im VIP-Bereich seine Berechtigung hat.
Viele Luxusrestaurants verstärken aus kulturellen oder Prestigegründen das Phänomen des Tempels, indem sie innerhalb des Lokals Bereiche schaffen, in denen nur wenige speisen dürfen.

Die japanischen »Kaiseki«-Räume

Das *Tenmaya*, ein japanisches Restaurant in der Wiener Innenstadt, bietet seinen Gästen drei unterschiedliche heilige Bereiche für ihr Mahl. Im »Washoku«-Raum, dem offenen Fast-Food-Bereich, können die Gäste schnell, ohne viel Aufwand und ohne Reservierung einen Imbiß zu sich nehmen. Der »Teppan«-Bereich liegt gleich neben dem Haupteingang und enthällt bereits ein kleines Hindernis: er wird über eine Stufe betreten. Um die japanische Kochkunst hier an den drei Grilltischen zu genießen, muß man vorreservieren und eine bestimmte Personenanzahl garantieren. Generell werden die Tische zweimal pro Abend vergeben. Die Sitzplätze spiegeln die Aufwertung des Gastes wieder, der hier in Augenhöhe mit dem Koch Platz nimmt. Die »Kaiseki«-Räume – das Allerheiligste – befinden sich schließlich im hintersten Bereich des Restaurants, nach der Garderobe am Ende eines langen Ganges. Hier kann man mit Freunden, abgeschirmt von anderen Gästen, ein mehrstündiges Mahl in gediegenem Ambiente genießen, soweit man mit der japanischen Kultur vertraut ist und das richtige Verhalten aufweist. Die Reservierung wird namentlich überprüft, die vier Räume werden nur einmal pro Abend vergeben. Nach einem Vorraum, in dem man die Schuhe ablegt, wird man über zwei Stufen in seinen privaten Bereich geführt. Ein langes Eßzeremoniell beginnt, bei dem in kostbarem Porzellan japanische Spezialitäten serviert werden und sich alles nach den eigenen Wünschen und Bedürfnissen richtet. Nach einigen Stunden, wenn man versprochen hat: »ich werde immer lächeln«, wird dem Gast an der Garderobe die Rechnung präsentiert. Geld gilt in Japan als ein wenig unfein und anrüchig, deshalb soll es auch das Allerheiligste nicht beschmutzen.

Um den »Washoku«-, »Teppan«- oder »Kaiseki«-Raum des *Tenmaya* zu erobern, muß man die Geschicklichkeit aufweisen, für jeden Bereich die richtigen Spielregeln anzuwenden. Wer rechtzeitig die richtigen Signale erkennt, wird ins Allerheiligste geführt und zu den wenigen Auserwählten gehören, die die gesamte kognitive Landkarte des *Tenmaya* besitzen.

Der Tempelturm von Pepe Cortés

Ganz anders, aber nach demselben Grundprinzip, präsentiert sich der Gourmettempel *El Tragaluz* in Barcelona. Schon der

Das leuchtende »Allerheiligste« am Gipfel des »El Tragaluz« in Barcelona

Mariscals Querschnitt des »El Tragaluz« in Barcelona

neben der Eingangstür plazierte Querschnitt des Lokals, übrigens von Stardesigner Xavier Mariscal entworfen, signalisiert, was einen erwartet: drei verschiedene gastronomische Bereiche unter einem Glasdach auf drei bis vier Ebenen (s. Abb. S. 109). Gleich im Foyer fällt man je nach Bedürfnis und Tageszeit die Entscheidung, welchen Weg man einschlägt. Begibt man sich geradeaus auf einen Drink in die *Tragabar*, einer ganztägig geöffneten Bar, oder lieber auf ein Sushi ins *Tragarapid*, einem mittags und abends geöffneten Japaner? Oder aber möchte man für ein ausgiebiges Dinner über die Treppe ins *Tragalux*, einem nur abends geöffnetes Luxusrestaurant auf drei Ebenen, emporsteigen? Das *El Tragaluz* präsentiert sich uns wie ein sumerischer Tempelturm: je höher man emporsteigt, desto heiliger wird der Ort. Verschiedene von unten beleuchtete Holz-, Metall- oder Wendeltreppen verleiten den Gast, eine Ebene nach der anderen zu erklimmen und dabei immer geheimere Bereiche zu entdecken, bis man schließlich den höchsten Punkt, das Allerheiligste, einen Speiseraum für nur zwölf Personen direkt unter dem Glasdach, erreicht (s. Foto S. 109). Die Treppen sind so angelegt, daß man auf einer Seite ins Allerheiligste emporsteigen und auf der anderen hinabschreiten, also eine Runde drehen kann. Im gesamten Lokal befinden sich keine Türen, so daß die Trennung der Bereiche nur durch Höhenunterschiede, Vorhänge und Balustraden erfolgt. Dadurch werden immer wieder Einblicke in die nächsthöheren Bereiche gewährt, das Allerheiligste bleibt optisch immer präsent. Der schon beim Eingang als »header« ausgehängte Querschnitt wird somit ständig aufgerufen. Das Bedürfnis, das gesamte Lokal zu erforschen, steigt unweigerlich. Jeder neugierige Gast wird so gezwungen, in jedem Bereich zu dinieren, da das besondere Ambiente die klassische Runde unterbindet. Im *El Tragaluz* muß man eben allmählich in die versteckte Kammer emporsteigen.

Heilige Orte

Die dritte prinzipielle Möglichkeit, ein Tempel-Lokal zu inszenieren, besteht darin, die Heiligkeit eines Ortes für die Vorstellung auszunützen. Schon im Mittelalter dienten Kirchen und Friedhöfe als Aufführungsorte vieler, damals noch liturgisch gebundener Theaterstücke und Vermummungsspiele. Die sakrale Umgebung sollte die Glaubwürdigkeit der Veranstaltungen unterstützen.

Profane Veranstaltungen aufzuwerten, indem man sie an kultische Plätze verlegt, ist eine Strategie, die sich vor allem in der Diskotheken- und Clubbing-Szene der achtziger und neunziger Jahre wiederfindet.
Im schon legendären *Limelight* in New York tanzen die Nachtschwärmer tatsächlich in einer ehemaligen Kirche und können sich dabei an den Lichtspielen der bunten Glasmosaikfenster erfreuen. In Wien fanden einige Rave-Clubbings in einem im neunzehnten Jahrhundert erbauten ehemaligen *Gasometer* statt. Um die »Heiligkeit« dieses riesigen Gaszylinders, der Durchmesser beträgt sechzig Meter!, zu unterstreichen, wurde am höchsten Punkt, in die Mitte der konvexen Bodenplatte, ein zehn Meter hoher Metallturm installiert. Von diesem überdimensionalem Altar aus steuert der Diskjockey die laute eindringliche Musik und die gleißend hellen Scheinwerfer, deren weiße Strahlen immer wieder über die Tänzer gleiten. Dieses intensive reine Weiß des Lichtes erinnert an die

Landung von Außerirdischen, an jene Bilder, die wir durch Film und Fernsehen übermittelt bekommen. Es ist eine übernatürliche Atmosphäre, in der ein Licht- und Ton-Altar die Aufmerksamkeit aller Anwesenden auf sich lenkt und wo die jugendlichen Tänzer zu »Betenden« werden. Es ist eine Vorstellung, die eher sakralen Riten gleicht als einer normalen Tanzveranstaltung: ein heiliger Ort.

Tanzen unter dem Foucaultschen Pendel

In der Diskothek *Nick Havanna* in Barcelona wurde die Vorstellung durch symbolische Gegenstände aus anderen Bereichen aufgewertet. In der Mitte der riesigen Halle, unter der blau beleuchteten Kuppel, schwebt ein Foucaultsches Pendel über den Köpfen der Tanzenden, eine Anspielung auf die Vorstellung im Pariser Panthéon (s. Foto S. 113). Um den Effekt zu unterstreichen, überträgt eine Videokamera live die Bewegungen des Pendels und jene der Gäste auf eine große Monitorwand (s. Foto S. 113). Die Methode der Anreicherung eines Ortes durch symbolische Gegenstände entstammt unter anderem dem römischen Theater. Durch Altäre und Statuen, die vor der Bühne und im gesamten Auditorium aufgestellt wurden, erhielt das Theater eine Ausstattung, die ihrer kultischen und repräsentativen Funktion entsprach. Die rituelle Bedeutung der Vorstellung wurde so hervorgehoben, das Verhalten der Gäste war dem Ambiente angemessen.

Auch die heutige klassische Theaterszene scheint nichts von ihrer kultischen Bedeutung zu verlieren. Immer noch wirken die Theater wie Tempel, die zwar ihre Tore für jedermann

Tanzen unter dem Foucaultschen Pendel im »Nick Havanna« in Barcelona

öffnen, wo aber die Weihe des Ortes so stark wirkt, daß kaum jemand auf die Idee kommt, sich unangemessen zu benehmen. »Die Intention des Publikums besteht nicht darin, das Heiligtum zu profanieren, sondern im Gegenteil die Heiligkeit des Ortes auszukosten«, so beschreibt es Gerhard Schulze treffend in seinem Buch »Die Erlebnisgesellschaft«. Eine Aussage, die wohl auch auf die Vorstellung im *Limelight*, im *Nick Havanna* und im *Gasometer* zutrifft.

Lokale des Typs Der Tempel spielen immer mit der Geschicklichkeit des Gastes, der die richtigen Regieanweisungen erkennen muß, um ins Allerheiligste vorzudringen. Das Spiel mit dem Zutritt kann bei verbotenen Orten schon beim Entree ansetzen und bei Lokalen mit versteckten Kammern erst bei der Runde. Einige Lokale nutzen jedoch auch den Tempel als heiligen Ort für ihre Vorstellung. Jedenfalls sollte den Gast für das Überwinden von Hürden und für die kognitive Anstrengung eine adäquate Belohnung erwarten: er ist Auserwählter an einem besonderen Ort.

Was kann man Gastronomen empfehlen?

- Inszenieren Sie nur dann ein Tempel-Lokal, wenn Sie Ihren Gästen auch ein Allerheiligstes bieten.
- Verbinden Sie den Einlaß in einen verbotenen Ort immer mit einem Geschicklichkeitsspiel: einem inszenierten Zerberus, einer Schwelle, dem Spiel mit der Liste oder einer falschen Fährte.
- Gestalten Sie nur dann versteckte Kammern, wenn Ihre Gäste das Bedürfnis nach Privatsphäre haben. Ansonsten machen Sie diese Bereiche allen zugänglich.

- Nutzen Sie die Heiligkeit bestehender, besonders mystischer Orte.
- Oder erschaffen Sie einen heiligen Ort, indem Sie symbolische Gegenstände so plazieren, daß sie die Räumlichkeiten aufwerten.
- Stellen Sie das Allerheiligste immer als Belohnung in Aussicht.

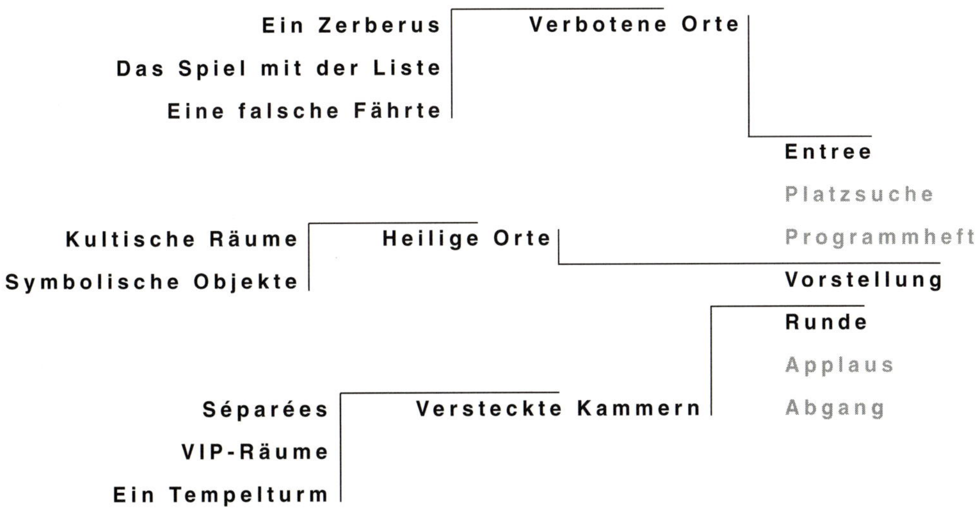

Die Schöne Aussicht

Um eine schöne Aussicht zu genießen, muß man sich schon an einen ungewöhnlichen Ort begeben, etwa in den *Signature Room* im 96. Stock des John Hancock Buildings in Chicago, auf ein Schiff der *World Yacht Dining Cruises* am Hudson River in New York oder in die *Sushi-Line*, das Tramrestaurant in Zürich. Durch die unglaubliche Höhe oder die besondere Rundfahrt wird den Gästen dieser Lokale ein neuer Blickwinkel auf ihr Umfeld geboten: Vertrautes wird aus einer neuen Perspektive betrachtet und dadurch zu etwas Besonderem.

Der Stephansdom im Herzen Wiens ist ein Wahrzeichen, das fast alle kennen: von Touristen millionenfach fotografiert und von Wienern kaum noch registriert. Viele haben sich daran satt gesehen. Nicht so die Gäste der *Do & Co-Bar* im sechsten Stock des von Hans Hollein erbauten Haas-Hauses. Hier, in dieser gediegenen ganztägig geöffneten Bar, wird dieser wunderschöne gotische Bau von einer neuen Perspektive, eben vom sechsten Stockwerk aus, betrachtet. Eine riesige Glaswand gibt den direkten Blick auf das goldverzierte Dach und

Der Stephansdom erstrahlt in neuem Licht durch die »Do&Co-Bar« in Wien

die figuralen Ornamente des Turms frei (s. Foto S. 117). Der erhöhte Blickwinkel läßt neue Details erkennen und animiert die Gäste, ihre alten Eindrücke - die Ansicht des Doms aus der Straßenperspektive - mit den neuen Eindrücken zu vergleichen. Dabei verändern die neuen Informationen das Bild der Kathedrale: es wird differenzierter und mehrdimensionaler. Der Stephansdom erstrahlt sozusagen in neuem Licht und wird deshalb, länger als alle anderen öffentlichen Gebäude, bis Mitternacht beleuchtet. Es ist eben eine »schöne Aussicht«, deren werbende Wirkung auch der Stadt Wien bewußt ist.

Die Lokale des Typs DIE SCHÖNE AUSSICHT befriedigen alle durch ihre besondere Lage das Bedürfnis, die gewohnte Umgebung aus einem anderen Blickwinkel zu betrachten. Es ist das Geschicklichkeitsspiel, Altes mit Neuem zu vergleichen, das auch Kinder animiert, auf den Schultern ihrer Eltern zu sitzen, um die Welt aus deren Sicht zu beobachten. Im Vordergrund steht somit die Platzsuche - die Suche nach dem besten Ausblick - und die Vorstellung - die Veränderung des Blickwinkels.
Die nächsten Seiten zeigen, welche ungewöhnlich schönen Aussichten die Gäste nun während der Vorstellung genießen können und welche Art der Platzsuche damit verbunden ist. Beginnen wir bei klassischen Aussichtslokalen.

Die Vogelperspektive

Bars wie der *Signature Room* im 96. Stock des John Hancock Buildings in Chicago und Restaurants wie das *Windows on the*

World in der 107. Etage des World Trade Centers in New York, präsentieren ihren Gästen eine einmalige Attraktion: die Veränderung des Stadtbilds durch einen extremen Höhenunterschied. Man blickt aus der Vogelperspektive auf seine gewohnte Umgebung und bekommt den Eindruck, die Stadt sei eine dreidimensionale Landkarte (s. Fotos S. 120). Der Überblick läßt uns neue Straßenverbindungen und Zusammenhänge, Größe, Lichtveränderungen und Ausbreitung der Stadt erkennen.

Man hat Spaß daran, seine Fußgänger-Erfahrungen mit der Vogelperspektive zu vergleichen. Durch den neuen Blickwinkel verändert sich nachhaltig das Bild von der Stadt: es bekommt weitere Dimensionen.

Im *Signature Room* in Chicago dreht man zusätzlich eine Runde, bevor man einen Sitzplatz wählt. Die rundum verglaste Bar gewährt nämlich verschiedene Blicke auf Chicago – in alle vier Himmelsrichtungen. Man muß sich also schon im Vorfeld für eine der vier Vorstellungen entscheiden. Möchte man die Segelboote am Michigan See, die Randbezirke, den Loop im Zentrum oder die Hauptverbindungswege der Stadt beobachten? Bei der Platzsuche muß man alle vier Ausblicke überprüfen und schließlich versuchen, einen der begehrten Fensterplätze zu ergattern, die eine ungestörte Schöne Aussicht garantieren.

Kulissenplätze

Sechsmal pro Abend findet die Show statt: der »Angriff der Piraten« vor dem Treasure Island Hotel, dem Schatzinselhotel in Las Vegas. Auf einem künstlich angelegten See fährt die

Die Stadt wirkt wie eine dreidimensionale Landkarte: der »Signature Room« im John Hancock Building in Chicago (oben) und das »Windows on the World« im World Trade Center in New York (unten)

Die Kulissenplätze der »Battle Bar« im Treasure Island Hotel in Las Vegas geben den Blick auf den Untergang der »Dune« frei

»Dune«, das originalgetreu nachgebaute Segelschiff der englischen Flotte, hinter der Hotelfassade vor und liefert sich dem Kampf mit dem Piratenschiff aus (s. Foto S. 121). Nach einer zehnminütigen Show, unter Kanonenbeschuß und echtem Feuer, geht die »Dune« schließlich unter.

Die *Battle Bar*, eines der wenigen Open-air-Lokale in Las Vegas, ist so angelegt, daß sie den direkten Blick auf das englische Königsschiff erlaubt. Ähnlich wie bei den Theateraufführungen der Corrales in der Renaissance, bei denen die Fenster und Balkone der angrenzenden Häuserfronten als Logen für den Adel und reiche Bürger dienten, bietet die *Battle Bar* ihren Gästen Plätze in der aufwendig gestalteten Hotelfassade an. Es sind sozusagen Kulissenplätze, die einen ganz besonderen, privilegierten Blick auf das imposante Spektakel erlauben. Man bekommt auch die zahlreichen Details der Aufführung mit und fühlt sich stärker in die Handlung involviert. Man sieht aus nächster Nähe, wie die Segel gerafft werden, die Mannschaft das sinkende Schiff verläßt, bevor die »Dune« in Flammen aufgeht und schließlich direkt vor den eigenen Augen untergeht (s. Foto S. 121). Der Genuß des Cocktails wird durch die Schöne Aussicht auf diese spektakuläre Theateraufführung bereichert.

Dabei sein, ohne involviert zu sein

Das ist das Privileg der Besucher der Daiquiri-Bar *Fat Tuesday* im vierten Stock der Mall of America in Minneapolis, dem zweitgrößten Einkaufszentrum der Welt. Von dieser gläsernen Brücke aus überblicken sie den gesamten Camp Snoopy, den Vergnügungspark im Herzen der Mall. Dabei können sie durch den erhöhten Blickwinkel – vom vierten Stock aus – genauso wie in anderen Aussichtslokalen, die räumliche Anlage und das gesamte spielerische Angebot des Parks studieren. Die Bar ist so angelegt, daß die Gäste Einblick in die besonderen Attraktionen des Camp Snoopy bekommen. Die Schleife der Hochschaubahn, die Wasserrutsche Log Chute und der fliegende Teppich, der die verspielten Kids durch die Luft wirbelt, befinden sich genau vor den Fenstern der Daiquiri-Bar, so daß die Besucher nichts vom regen Geschehen im Park versäumen. Neben der Schönen Aussicht auf den Vergnügungspark bietet das *Fat Tuesday* eine weitere interessante Vorstellung. Die Daiquiris, diese tropischen Cocktails auf Rum-Basis, werden in fünfzehn extra dafür präparierten Waschmaschinen gemixt. Eine doppelte Vorstellung also, die sicher die Aktivierung des Gastes erhöht und seine Geschicklichkeit fordert.

Auch in der Filiale der Kette *Pans & Company* im Virgin Megastore in Barcelona kann der Kunde dabei sein, ohne involviert zu sein. Einige Meter über der Verkaufsfläche, an der Rückwand des Raums, befindet sich die kleine Imbißbar, an der man sich bei Coke und Sandwich von den Einkaufsstrapazen erholen kann. Die Sitzplätze sind wie Logenplätze ausgerichtet, so daß man nie den Überblick über das rege Einkaufstreiben verliert. Es ist eine Schöne Aussicht auf einen ungewöhnlichen Ort, auf einen Plattenladen.

Im Prinzip wird durch jede kleine Perspektivenverschiebung eine Schöne Aussicht gestaltet, egal auf welches Geschehen. Im Pariser Louvre gibt es gleich zwei solcher Aussichtslokale. Das *Café Marly*, in den Arkaden des Richelieu-Flügels, gewährt den Blick auf den zentralen Eingangsbereich des Museums. Ein bißchen distanziert, wie auf Logenplätzen, beobachtet man hier das rege Treiben auf dem Platz um die gläserne Pyramide, die täglich Tausende Besucher in die unterirdischen Bereiche führt. In der unterirdischen *Brasserie Élysée* kann man die durch Licht inszenierten alten Grundmauern des Louvre betrachten, natürlich auch von einem erhöhten Blickwinkel.

Das Prinzip des »Revolving Theater«

Ganz anders präsentiert sich die exklusive Tanzbar *The View* am Dach des Marriot Marquis Hotels in New York. Die Attraktion besteht darin, daß die Bar einem »Revolving Theater«, also einem sich drehenden Theater, gleicht. Bei solchen Aufführungen befindet sich der Zuschauerraum auf einer mobilen Plattform, die sich je nach Handlungsablauf in eine bestimmte Richtung dreht. So unternehmen auch die Gäste in *The View* im Halbstundentakt eine Dreihundertsechzig-Grad-Drehung durch Manhattan. Dabei bekommt man einen Überblick über das städtische Geschehen, etwa den Verkehr am Times Square, die Einrichtungen der angrenzenden Bürogebäude und die Fußgänger. Durch die ständige Rotation muß man aber das Bild der Stadt immer wieder aktualisieren. Die neuen Eindrücke und die Veränderungen im Blickfeld müssen laufend kognitiv verarbeitet und in ein Gesamtbild zusammengefaßt werden. Man ist ständig mit der Schönen Aussicht beschäftigt.
Nicht nur die Kulisse Manhattans zieht an einem vorbei, sondern auch die Tanzfläche, das Buffet und der Ausgang, wel-

che sich auf der mittleren fixen Säule befinden. Man fühlt sich demnach wie auf einer freischwebenden Plattform in einem beidseitigen Dreihundertsechzig-Grad-Panorama. Eine doppelte Vorstellung also, bei der man aufpassen muß, nicht die Orientierung zu verlieren. In solchen Aussichtslokalen erübrigt sich natürlich die Platzsuche. Egal welchen Ausblick man anfangs wählt, nach einigen Minuten verändert sich das Umfeld sowieso und nach einer halben Stunde gelangt man an den Ausgangspunkt zurück.

Eine etwas andere Revolving Bar liegt in der großen Lobby des Hotels Circus Circus in Las Vegas. Die *Horse around bar* gleicht eigentlich einem klassischen zweistöckigen Rummelplatzkarussell. Im oberen Geschoß befindet sich jedoch eine Bar und im unteren statt der Schaukelpferde die berühmten einarmigen Banditen von Las Vegas. Die drehende Bar gewährt eine Schöne Aussicht auf das Geschehen in der Lobby. Alle fünfzehn Minuten finden artistische Trapez-Acts unter dem Dach des Hotels statt. Die Rotation des Karussells ermöglicht so die Betrachtung der Vorstellung aus verschiedenen Perspektiven und den Blick in die umliegenden Geschäfte und Schießbudenstände. Ohne Eigenbewegung wird dem Gast während eines Drinks das gesamte Erlebnisangebot der Hotellobby präsentiert.

Die Fahrt durch Kulissen

Die *World Yacht Dining Cruises* am Hudson River in New York und die *Sushi-Line* in Zürich verwöhnen ihre Gäste zusätzlich zu den delikaten Speisen mit einer Fahrt durch die Stadt, die dadurch zur Kulisse wird: Ein Prinzip, welches an gewisse Theateraufführungen im Mittelalter erinnert, bei denen das Publikum ebenso keinen fixen Standort hatte, sondern der Aufführung räumlich folgte. So werden auch die Gäste dieser beiden Aussichtslokale räumlich durch die Vorstellung geführt.

Während der dreistündigen Dinnerfahrt gleiten die Schiffe der *World Yacht Dining Cruises* um die berühmte Skyline von Manhattan. Dieser sensationelle Blick, welcher nur vom Wasser aus möglich ist, wird zu einer besonderen Kulisse für den ganzen Abend. Das alltägliche Bild von New York verändert sich stetig durch den perspektivischen Wechsel.
Eine Rundfahrt durch das Zentrum Zürichs erleben die Besucher des Tramrestaurants *Sushi-Line.* Während die Köche japanische Spezialitäten zubereiten, kann man im offenen Straßenbahncabrio die Schönheit der Stadt an sich vorbeiziehen lassen. Wie Touristen auf einer Stadtrundfahrt kann man in der Mittagspause Neues entdecken oder das Gewohnte genauer und aus einer anderen Perspektive betrachten. Der Blickwinkel verändert den Eindruck von Zürich, die Stadt zieht als architektonische Kulisse an den Gästen vorbei. Es ist ein optisches und emotionales Auffrischen einer bekannten Umgebung.

Lokale des Typs Die Schöne Aussicht können überall dort entstehen, wo man durch eine Perspektivenverschiebung einen neuen Blick auf vertraute Objekte bekommt.
Für die Platzsuche und Vorstellung ergeben sich jeweils drei prinzipielle Gestaltungsmöglichkeiten. Entweder der Gast dreht eine Runde, um die gewünschte Aussicht bei Kulissen-

oder Logenplätzen festzulegen, oder aber die Suche nach dem Platz erübrigt sich durch die architektonische Anordnung: das Lokal weist nur beste Plätze auf.
Der Blickwinkel der Vorstellung kann verändert werden durch Distanzunterschiede – Höhe und Nähe – oder durch die Rotation eines Revolving Theater oder aber durch die Fahrt durch Kulissen.

Was kann man Gastronomen empfehlen?

- Nützen Sie jede Art von Aussicht für Ihr Lokal.
- Und gestalten Sie Kulissen- oder Logenplätze, um daraus eine Schöne Aussicht zu machen.
- Verändern Sie für Ihre Gäste durch eine neue Perspektive den Blick auf ihr Umfeld.
- Spielen Sie immer mit dem Bedürfnis Ihrer Gäste, Altes mit Neuem zu vergleichen.

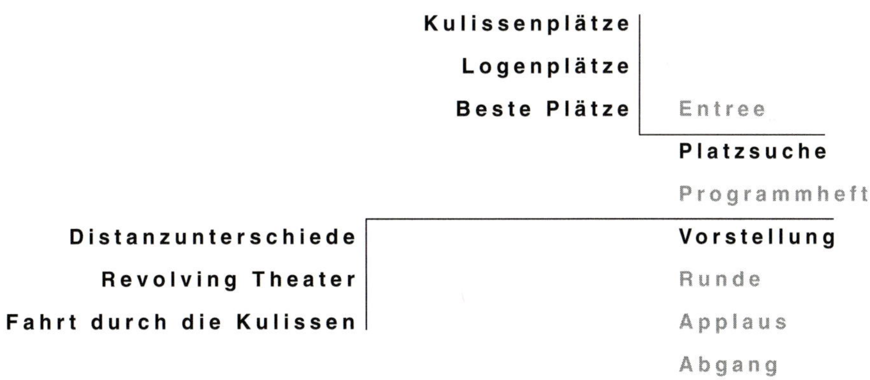

Die Küche

Vor dem Servieren noch schnell das Haar aus der Suppe fischen, die schmutzige Schürze wenden oder nochmals die schon zurückgeschickte Butter verarbeiten? Tätigkeiten, die, wenn überhaupt, nur in der Küche stattfinden. Auf jeder Hinterbühne können etwaige Unstimmigkeiten im Verhalten so versteckt werden, daß die Gäste nicht sehen, was für eine Behandlung ihnen widerfährt, im Vergleich zu der Behandlung, die sie verdienen. Um den Unterschied zwischen Vorder- und Hinterbühne vor den Gästen zu verbergen, also um den Schein zu wahren, wird die Küche meist vom Speisesaal räumlich getrennt.

Die Lokale des Typs DIE KÜCHE folgen dem gegenteiligen Prinzip: sie veröffentlichen die Hinterbühne. Der Blick in die kulinarische Kulisse wird hier zu einer einmaligen Vorstellung. Die Gastronomen geben Einblick in den sonst verborgenen Arbeitsablauf. Die Gäste können die Köche bei der Zubereitung der Speisen beobachten und dabei die hygienischen Zustände überprüfen. Sie gewinnen Vertrauen, fühlen sich informiert und in die gastronomischen Geheimnisse eingeweiht. Die Küche wird zu einem transparenten Ort, zu einem Ort der Kommunikation zwischen Kellner und Gast. Sie ist in die Lokalinszenierung eingebunden.

Für die Köche und das Personal bedeutet diese gestalterische Maßnahme den Verlust der Hinterbühne, also den Verlust ihres privaten Rückzugsgebiets. Sie müssen sich der neuen sozialen Situation anpassen und ihre schauspielerischen Fähigkeiten stärker hervorkehren, um den Gästen eine kulinarische Vorstellung zu bieten.

Für das Veröffentlichen der Hinterbühne ergeben sich drei prinzipielle Gestaltungsmöglichkeiten. Entweder die Gäste können in die Töpfe schauen, oder das Kochen wird zur Show, oder aber die Speisekarte an der Wand hält das kulinarische Angebot präsent.

In die Töpfe schauen

Im *Los Caracoles* in der Altstadt von Barcelona ist mir das Phänomen, die Küche zu veröffentlichen, zum ersten Mal bewußt geworden. Früher lebte das Restaurant vom Gassenverkauf, ein alter Hähnchengrill an der Fassade und die Küche im Eingangsbereich verweisen noch auf diese Tradition. Um zu seinem Tisch zu gelangen, muß jeder Gast regelrecht durch die Küche hindurchspazieren. Gleich nach dem Eingang weisen die Geruchs- und Temperaturunterschiede auf diesen besonderen Ort hin: sie lösen als »odorale header« das Restaurant-Script aus. Man vermutet schon, was einen erwartet. Umschwelgt von den Gerüchen der brodelnden Speisen und der Hitze der großen Herde schreitet man nun durch das

Territorium der weißbeschürzten Köche. Dabei kann man in den Suppenkessel blicken, das Fritieren der Garnelen in der Bratpfanne betrachten, oder die Zutaten des Gemüseeintopfs erriechen. Die Köche lassen einen regelrecht in ihre Töpfe schauen. Man bekommt eine einmalige Vorstellung geboten, die den Gast auf das zu erwartende Mahl einstimmt.

Der Blick in die Töpfe und auf die Hinterbühne ist immer ein intimer Blick, ähnlich jenem in den Kleiderschrank und das Schlafzimmer einer Person. Ein intimer Blick löst auch ein Versprechen aus: in diesem Fall das Versprechen auf ausgezeichnete Kochkünste und individuelle persönliche Betreuung. Um so enttäuschter wird der Gast im *Los Caracoles*, wenn die Bedienung in diesem riesigen Touristenlokal – es erstreckt sich über ein ganzes, 1839 erbautes Haus – seinen Wünschen nicht entgegenkommt und die Qualität der Speisen den hohen Erwartungen kaum entspricht. Die Signale, die bewußt gesetzt werden, werden nicht eingelöst.

Die transparente Küche

Im *Back & Brau* in Zürich, »einem Restaurant, das es in gewissem Sinne seit über 1200 Jahren gibt«, können die Gäste der klösterlichen Tradition, Brot und Bier am selben Ort herzustellen, beiwohnen. Gleich nach dem Eingang im Take-Away-Bereich schaut man in der offenen Küche den Bäckern auf die Finger und im Restaurant in der Halle führt eine blaue Neonlinie am Boden direkt zu einer Glaswand, hinter der das Bier in einem imposanten Kupferkessel gebraut wird. Das Betreten dieser Hinterbühnen ist zwar nur zu bestimmten Zeiten erlaubt – wenn die Gäste ihr Brot selber backen und ihr Bier selber brauen dürfen –, jedoch wird durch die transparente Gestaltung beider Bereiche jeder Arbeitsvorgang einsehbar. Die Gäste werden so in den Herstellungsvorgang direkt oder zumindest visuell eingebunden und bekommen Vertrauen zu den angebotenen Produkten. Nichts soll hinter ihrem Rücken passieren, deshalb besitzt das gesamte Lokal auch keine Türen. Alles soll transparent sein.

Transparent ist auch die Küche des italienisch-amerikanischen Restaurants *Frank's* am Wiener Laurenzerberg. Mit einem gläsernen Aufzug fährt man von der Postpassage direkt in den Barbereich. Während der Fahrt bekommt man Einblick in alle kulinarischen Bereiche, bis in den letzten schmutzigen Winkel der Küche hinein. Von oben schaut man hier in die Töpfe: man beobachtet das Fritieren der frischen Fische, das maschinelle Herstellen der Pommes frites, das Werfen des Pizzateigs, aber auch das ungustiöse Putzen der Bratpfannen und Kochtöpfe. Diese Einblicke, einerseits in eine gestaltete Kochinszenierung und andererseits in den grauen Küchenalltag, vermitteln ein kontroverses Bild des Lokals. Die transparente Küche wird vom Personal nicht als Inszenierung gelebt: Es ist sich der Veröffentlichung der Hinterbühne und der damit verbundenen Verhaltensänderung nicht bewußt. Der Verlust des privaten Rückzugsgebiets, das das Personal normalerweise vor den Blicken der Gästen schützt, fordert immer eine besondere Art der Speisenzubereitung und eine besondere Art des Saubermachens – eine bewußte Inszenierung eben.
Seit kurzem werden die gravierenden Fehler am Wiener Laurenzerberg, die sich auch am Umsatzrückgang bemerkbar machten, behoben: Ein neuer Geschäftsführer hat das eigentliche Potential der Architektur erkannt und sein neues Personal dementsprechend geschult!

Tapa-Tapa heißt die Tapa-Bar an der Passeig de Gracia in Barcelona, wo an der Theke Hunderte dieser gleichnamigen köstlichen Gerichte angeboten werden. Ursprünglich war ein tapa – auf deutsch Deckel – ein Stück Brot, mit dem man wegen der Fliegen das Weinglas zudeckte. So war es überall im 19. Jahrhundert in Andalusien üblich. Heute ist von der kargen Funktionalität des tapa nichts mehr übriggeblieben: Es gibt rohen luftgetrockneten Schinken, Oliven, Käse, Fleischspießchen mit Speckdatteln, kleine gegrillte Würstchen in Sherrysauce, gebratene und fritierte Fische, in Knoblauch eingelegte Meeresfrüchte und Champignons, Kartoffelkroketten, Omeletts und nicht zu vergessen »patates violades« – Bratkartoffel mit Ketchup und Mayonnaise. Das alles und vieles mehr ist liebevoll in einer langgezogenen Glasvitrine so angerichtet, daß die Gäste daran vorbeispazieren und ihre Wahl direkt aus den Töpfen treffen.
Spanier verbringen viel Zeit in solchen Lokalen: mittags für einen kleinen Imbiß und abends, gleich nach Büroschluß, ziehen sie mit Freunden von einer Tapa-Bar zur nächsten und konsumieren immer wieder eine Kleinigkeit. Die offene Präsentation der Speisen erleichtert ihnen dabei die Auswahl, das tägliche Angebot wird sofort überblickt. Es verwundert deshalb nicht, wenn man zwei Häuserblocks weiter auf die nächste Tapa-Bar trifft, das *Quasi Queviures*, wo man auch wie in einem Delikatessengeschäft hausgemachte Spezialitäten einkaufen kann.

Ein durchaus abschreckendes Beispiel für das Phänomen des In-die-Töpfe-Schauens bietet die Wiener Filiale einer amerikanischen Fast-Food-Kette. Die Zutaten für ihr stets frisch zubereitetes Sandwich wählen die Gäste aus einer Glasvitrine. Gehäuft und in Papier eingewickelt liegen dort Unmengen von Schinken, Käse, Zwiebelscheiben, Oliven, Salat und einiges mehr. Mit weißen Plastikhandschuhen – in Amerika ein Zeichen für Hygiene – stellen die Verkäufer lieblos vor den Augen der Gäste die Sandwiches zusammen. Anschließend schaben sie schnell die ungustiösen Speisereste von der Plastiktheke, um Platz für die nächste Zubereitung zu schaffen. Die lieblose Präsentation der rohen Zutaten animiert die europäischen Gäste hier kaum, in die Töpfe zu schauen. Das Spiel, lustvoll die verschiedenen Speisen miteinander zu vergleichen, wie man es in spanischen Tapa-Lokalen genießt, bleibt aus. Für Europa hätten die Betreiber das amerikanische Konzept verändern und eine andere Möglichkeit wählen müssen, die Küche zu veröffentlichen:

Das Kochen als Show

Das Schaukochen provoziert einen exquisiten und ästhetischen Umgang mit den Nahrungsmitteln. Deshalb verwundert es auch nicht, wenn gerade in der japanischen Eßkultur die Zubereitung von Sushi oder Teppanyaki als Show inszeniert wird.

Das *Sushi-Yu* in Wien sieht für seine Gäste hauptsächlich Plätze an der großen viereckigen Theke vor. Wie auf einer Bühne, von allen Seiten von Publikum umringt, kann der Koch seine Sezierkünste am rohen Fisch und seine Geschicklichkeit bei der Zubereitung ästhetischer Speisekreationen eindrucksvoll vorführen. Ständig reinigt er dabei mit fließendem klaren

Wasser die hölzerne Plattform, nichts bleibt schmutzig, nichts ist unästhetisch. Die Reinigung ist Teil der Show. Hin und wieder überreicht er den Gästen kleine exotische Appetizer und zu später Stunde, als Dank für die Bewunderung, schnitzt er für jede anwesende Dame eine Seetang-Blume.
In den Teppanyaki-Bereichen vieler japanischer Restaurants bereiten die Köche die gegrillten Speisen auf der zentralen Herdplatte direkt am Tisch zu. Dabei wird jeder Handgriff inszeniert, nichts bleibt dem Zufall überlassen. Die Shrimps werden mit einem großen scharfen Messer in Sekunden geschält, das Gemüse kunstvoll gehackt, die Gewürze in artistischer Weise darauf gestreut und schließlich wird durch eine Stichflamme die ganze Show beendet. Der Koch bekommt Applaus.

Die Methode, das Kochen als Show zu präsentieren, rückt die oft verkannten Fähigkeiten der Akteure hinter den Kulissen in den Vordergrund. Erving Goffman beschreibt den Unterschied zwischen der Vorder- und Hinterbühnenarbeit so: »Oft wird die Arbeit derjenigen hinter der Bühne nach technischen Maßstäben bewertet, während von den Angestellten auf der Vorderbühne darstellerische Fähigkeit erwartet wird.« Durch das Kochen als Show wird dieses technische Können in die Öffentlichkeit getragen und in die Vorstellung eingebunden.

Im Brüsseler Edelrestaurant *Comme chez soi* zählt es zu einem Privileg, in der Küche zu speisen. Wie bei sich zu Hause dürfen jeden Abend einige Gäste an diesem besonderen Ort den sechzehn Köchen bei ihrer Arbeit Gesellschaft leisten. Man sitzt in der Küche, beobachtet das Präparieren der Spezialitäten, kann einige Details der Zubereitung erkennen und das Schaukochen genießen. Den sechzehn Haubenköchen wird so die Möglichkeit geboten, ihre Kochkünste und Geheimnisse dem Publikum zu präsentieren: sie erhalten direkt von den Gästen Anerkennung für ihre technischen Leistungen.

Fudge and Fun

Eine ganz besondere Show ließen sich die Betreiber von *The Fudgery*, einer Nougat-Caramel-Bäckerei im Freizeitzentrum North Pier in Chicago einfallen. Um die Aufmerksamkeit der Passanten auf den Fudge-Verkauf zu lenken, leiten die Köche die bevorstehende Verkostung mit einem Gospelsong ein. Singend und tanzend rühren sie die Nougatmasse an, formen sie zu einem Block und bieten das fertige Produkt den mit singenden und klatschenden Schaulustigen an, die sofort ein Stück Caramel probieren. Die Kochshow Fudge & Fun inszeniert die Verkostung, veröffentlicht den Arbeitsablauf und weist auf die vielseitigen Fähigkeiten der Bäcker hin.
Im Prinzip präsentiert jeder gute Barkeeper das Mixen von Drinks und das Shaken von Cocktails als Show. Effektvoll wirbelt er die Flaschen durch die Luft, wirft die Eiswürfel in die Gläser und punscht die Getränke zusammen. Manchmal arbeitet er auch mit Feuer und flambiert so manchen Cocktail mit einer spektakulären Flamme. »Für die Fingerfertigkeit und die Geschicklichkeit trainiere ich sechs bis sieben Stunden pro Tag«, bekannte vor kurzem ein prominenter Barkeeper aus Vancouver in einem Interview. Als Dank für das harte Training ist er jeden Abend Akteur auf seiner eigenen Bühne und bekommt die Anerkennung der Gäste.

Was aber tun, wenn das räumliche oder ästhetische Umfeld für eine transparente Küche fehlt und man dennoch das kulinarische Angebot präsentieren möchte?

Die Speisekarte an der Wand

ist ein Gestaltungsprinzip, das wir alle von kleinen französischen oder italienischen Bistros kennen, wo die Tagesspezialitäten mittels Kreide auf schwarze Schiefertafeln geschrieben werden. Im *Seltz*, einer Design-Tapa-Bar in Barcelona, wird diese Strategie noch verstärkt.

Die bunte, überdimensionale Leuchtreklamewand mit den Markennamen Martini, Campari, Cinzano und Cora verkündet die typische Getränkepalette (s. Foto S. 137). Zusätzlich befindet sich, mit bunter Kreide kunstvoll angeschrieben, das gesamte Speisenangebot des Tages und der Woche an allen Wänden und Spiegeln der Bar (s. Foto S. 137). In jeder Blickrichtung wird der Gast so über die aktuellen kulinarischen Köstlichkeiten informiert. Es ist ein überdimensionales Programmheft, das stets die Highlights der Küche präsent hält. Jede Veränderung auf der »Hinterbühne« wird gleichzeitig an der Wand visuell festgehalten: einige Speisen werden neu notiert, andere werden gestrichen. Durch die unterschiedlichen Schriften und Farben wird für jedes Gericht gewissermaßen ein Logo entworfen, genauso wie für die Getränke durch die Neonreklamen am Eingang.

»Les citations qui pétillent«, also »Zitate, die prickeln«, nennt sich eine Filmcollage bei der fantastischen Ausstellung »Cités Cinés 2« in Paris. Sehen kann man die prickelnden Zitate auf Videomonitoren an der *Champagner-Bar von Piper-Heidsieck.*

Die Speisekarte an der Wand in der Design-Tapa-Bar »Seltz« in Barcelona

Die Leuchtreklamewand im »Seltz« in Barcelona

Man sitzt an schmalen, grünen Glastischchen, die aus der Wand herausragen, die, ebenfalls grün und selbstleuchtend, fugenlos eingelassene Videomonitore enthält. Während der Gast an seinem eigenen Gläschen nippt, beobachtet er, wie Dutzende Filmschauspieler dasselbe tun oder eine der chrakteristischen Heidsieck-Flaschen öffnen. Es ist eine Speisekarte an der Wand, die für die angebotenen Produkte wirbt.
All das befindet sich in einer großen, abgedunkelten Halle, in der unendlich viele Kulissen den Ausstellungsbesucher in eine Stadt der Zukunft versetzen. Eingelassen in die Kulissen flimmern unzählige Filmleinwände und Monitore, die das Beste der letzten hundert Jahre Film so vorführen, daß Spielfilm und umgebendes Dekor zu einer thematischen Einheit verschmelzen. Gerade dröhnt ein Ufo, hydraulisch bewegt, über unsere Köpfe, als der Barkeeper eine Heineken-Flasche über die Theke reicht. Denn nur 20 Meter neben der Champagner-Bar liegt das Bierparadies Heinekens, das seinen Mythos durch eine beeindruckende Wand aus leuchtenden Bierflaschen nach außen bringt. Das Angebot wird hier durch die geometrisch-abstrahierte Aufstellung des Produkts selbst dargestellt.

Was kann man Gastronomen empfehlen?

- Präsentieren Sie eine transparente Küche nur, wenn diese Hinterbühne auch tatsächlich vorzeigbar ist.
- Machen Sie dem Personal den Verlust des Rückzugsgebiets und die damit verbundenen Verhaltensänderungen bewußt.
- Lassen Sie als Vorstellung die Gäste nur dann in die Töpfe schauen, wenn das Speisenangebot dafür auch wirklich geeignet ist.

- Inszenieren Sie das Kochen als Show, auch wenn nur ein Pizzateig oder ein paar Flaschen durch die Luft gewirbelt werden.
- Ist das alles nicht möglich und soll die Küche trotzdem präsent sein, dann wählen Sie die abstrahierte Kücheninszenierung: die Speisekarte an der Wand.

Entree

Die Speisekarte an der Wand | Platzsuche

Programmheft

In die Töpfe schauen | **Vorstellung**

Kochen als Show

Runde

Applaus

Abgang

Das Museum

Den Hamburger unter dem Auto von Fred Feuerstein aus dem Film »The Flintstones« verspeisen, während oder nach dem Essen die Goldenen Schallplatten der berühmtesten Musiker der Welt besichtigen, oder aber den richtigen Wein aus etwa tausend aufgestellten Bouteillen auswählen? Genau diese Möglichkeiten bieten die Lokale des Typs DAS MUSEUM.

Wie in einem richtigen Museum verleiten die zur Schau gestellten Objekte zur Besichtigung und animieren den Besucher, eine Runde zu drehen. Man schlendert durchs Lokal, betrachtet die präsentierten Gegenstände, nimmt dabei neue Informationen auf und ganz nebenbei kann man seine eigene innere Landkarte des Areals erstellen. Indem man die Ausstellungsstücke in einen räumlichen Bezugsrahmen einfügt, werden die Orientierung und das Navigieren im Lokal erleichtert, vor allem, wenn sich das Museum über mehrere Räume und Etagen erstreckt. Und jeder Ort wird zu einem lustvollen Ort, wenn man sich dort zurechtfindet. Aber die Inszenierung geht über den Museumstouch hinaus. Denn durch die meist

aufwendige Inszenierung erscheinen die ausgestellten Objekte in diesem gastronomischen Umfeld wie Requisiten auf einer Theaterbühne. Die Fülle und die unterschiedliche Gestaltung der theatralischen Elemente läßt das Lokal unverwechselbar erscheinen und bietet den Gästen eine besondere Vorstellung.
Wenn man nun echte Memorabilia, Kultobjekte aus technischen Bereichen oder aus der Unterhaltungsbranche als Requisiten benützt, wird aus einem Museums-Lokal ...

Ein Ort der Verehrung

Im *Harley Davidson Café* in New York schweben über den Köpfen der Gäste mehrere Motorräder dieser berühmten Marke. Dabei werden diese beliebten Kult- und Sammelobjekte nicht wie in einem technischen Museum einfach ausgestellt, sondern mittels Nebel und blinkenden Lichtern in Szene gesetzt. Die Harleys werden durch diese optischen Veränderungen sozusagen zum Leben erweckt und fordern den Gast auf, wenigstens visuell eine Runde zu drehen, um die technischen Details zu betrachten. Er kann die Entwicklung der Maschinen über die Jahrzehnte verfolgen, indem er die einzelnen Objekte miteinander vergleicht. Er kann vielleicht Unterschiede zwischen den einzelnen Modellen entdecken und schließlich die Einzigartigkeit der Harley Davidson erkennen. Die Motorräder präsentieren sich also wie inszenierte Memorabilia, die den Gästen eine effektvolle technische Vorstellung bieten und den Mythos, der sie umgibt, vergegenwärtigen. Zusätzlich ausgestellte Fotos, Autogramme und auf Leinwänden projizierte Videoclips von Harley-Besitzern ermöglichen dem Besucher, die Welt dieser Kultobjekte besser zu verstehen und verleiten ihn, sich zum Andenken im Untergeschoß ebenfalls auf einer Harley Davidson fotografieren zu lassen.

Ein Guide als Lotse durchs Lokal

Wer die Restaurants der 1971 entstandenen Kette *Hard Rock Café* kennt, weiß, daß jeder interessierte Gast ein wenig Hilfe und Hintergrundinformation benötigt, um die vielfältigen Musikmemorabilia zu betrachten. Deshalb liegt auch schon beim Eingang ein mehrseitiger Guide aus, der wie ein Museumsführer den Grundriß des Lokals und die Anordnung aller ausgestellten Objekte enthält (s. Foto S. 144). Mit den Worten »enjoy your tour« und »please feel free to look around« wird man aufgefordert, einen Rundgang zu machen und das Museum zu besichtigen. Der genaue Lageplan erlaubt dem Gast dabei, den Überblick zu behalten, die unzähligen Gitarren, Goldenen Schallplatten und Kleidungsstücke auseinanderzuhalten, also die einzelnen Memorabilia auf den überfüllten Wänden zu identifizieren. Die gesamte Geschichte des Rock 'n' Roll wird lebendig beim Betrachten der Kultobjekte: von George Harrisons (Beatles) Original-Auftrittsjacke aus dem Jahre 1964 über ein Foto des Pink Cadillac von Elvis Presley und Michael Jacksons achtunddreißigster Platin-Platte für »Thriller« und dem dazugehörigen Auftrittskostüm bis zu einem Autogramm von Nirvana. Die Fülle dieser besonderen Objekte, in Las Vegas sind es etwa 250 Memorabilia, und der schwebende Cadillac über der Bar machen aus dem Lokal einen Ort der Verehrung. Der Guide verhilft dem Gast während der Runde, wie in einem Museum, strukturiert Informationen aufzunehmen.

Seit einem Jahr gibt es in Las Vegas das erste *Hard Rock Hotel*, natürlich mit Casino. Es hat einen ganz anderen Touch als die Cafés, die mit ihren Holztischen und den rot-weiß karierten Tischtüchern nach wie vor noch das Rock 'n' Roll-Image der siebziger Jahre vermitteln. Im *Hard Rock Hotel* möchte man ein jüngeres, design-orientiertes Publikum ansprechen. Die neue Leitfarbe Violett zieht sich durchs gesamte Hotel, und im Swimmingpool gibt es auch unter Wasser Rockmusik. Die vielen Memorabilia sind hier mit Neon bestrahlt und in edlen Vitrinen so aufgebahrt, daß sie den Gast zum Drehen einer Runde animieren.

Eine Hommage an den Film

»Look there's Jeannie«, schreit ein kleines Mädchen voller Begeisterung, als sie, auf ihrem Rundgang durch das *Planet Hollywood* in Las Vegas, das Kostüm des beliebten Flaschengeistes aus der Serie »Bezaubernde Jeannie« erblickt. Mit leuchtenden Augen blickt sie auf dieses, in einem gläsernen Schrein ausgestellte Kleidungsstück.
Ähnlich wie in den *Hard Rock Cafés* der Rock'n Roll dargestellt wird, präsentieren die Lokale der Kette *Planet Hollywood* alles, was mit Film und Hollywood in Verbindung steht, jedoch in einer aufwendigeren Inszenierung und über mehrere Räume und Etagen erstreckt: Bars in Form von Swimmingpools oder in orange glühendem Lavagestein mit Chemielabor (in Anspielung auf »Familie Feuerstein«) (s. Foto S. 147), Kostüme aus berühmten Filmen wie »The Big Sleep«, »Some like it hot« und »Terminator«, Schuljahrbücher und Handabdrücke der Stars, Requisiten und spektakuläre

Der Guide als Lotse durch das erste »Hard Rock Café« in London

ABOUT THE HARD ROCK CAFE AND
THE MEMORABILIA COLLECTION

The original Hard Rock Cafe was created in London, 1971, by two expatriate Americans who thought Europe should taste down-home American cooking and culture. At the time, finding a burger in Europe was like looking for crepe suzette at a New York deli. It was soon a magnet to all kinds: bakers, bankers, actors, musicians, old and young. An American hang-out on European soil driven by good old Rock 'n Roll.

With the opening of the New York HRC in 1984, we introduced our first displays of music collectibles. It is with great love and pride that we now display the world's largest collection of Rock 'n Roll memorabilia in Hard Rock Cafes around the world. What People Magazine has described as "The Smithsonian of Rock 'n Roll".

The Hard Rock Cafe London houses over 300 separate items culled from our extensive archives. The gear represents a wide variety of artists whose contributions to the world of music are a matter of historical record. The collection also stretches to encompass actors, athletes and other icons that have weaved themselves indelibly into the fabric of contemporary Popular Culture.

The Hard Rock Cafe would like to thank all of the musicians, artists, managers, roadies, collectors, friends and neighbours who have made this collection possible. Rock the World. Save the Planet.

GROUND FLOOR RESTAURANT

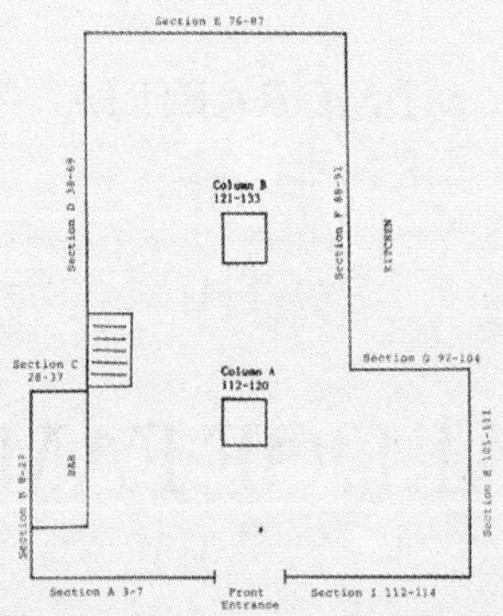

LONDON MEMORABILIA GUIDE

<u>Front Entrance</u> (right to left)

1) The Beatles - The single "P.S. I Love You" on the Parlophone label, autographed by the Beatles, with the original sleeve and two photos of female fan hysteria.

2) Jimi Hendrix - The cover of his second lp "Axis: Bold As Love" autographed by Jimi and the Experience, Noel Redding on bass, Mitch Mitchell on drums. "I just want to talk to you, I don't want to do you no harm."

<u>Section A</u> (left to right)

3) Ganeshe - Bringer of Good Luck. Remover of obstacles. Rock the World. Increase the Peace. Save the Planet.

4) Julie Andrews - Her wool, silk-lined tunic and skirt worn in the hit musical film, "The Sound of Music", Warner Brothers, 1965. "The hills are alive with the sound of music...". A cultural icon of the rock generation.

5) The Beatles - A Buckingham Palace card and envelope addressed to "Hazel from the Beatles", the card signed "To Hazel, from George Harrison, Paul McCartney and John Lennon.

6) Jimi Hendrix - His white gibson SG electric guitar, together with a black and white photo of Jimi with the instrument. Most notably played on "The Dick Cavett Show" (a popular American TV talk show). The other guest was Robert Young of "Father Knows Best". What a contrast.

7) Jimi Hendrix - A photo reproduction of the program cover,a ticket and a newspaper review regarding Jimi's last show at the Saville Theatre.

<u>Section B</u> (left to right)

A selection of items relating to Jimi Hendrix including:

8) A black and white photograph suckin' down some smoke backstage at the Marquee Club, London, 1967. Signed by the photographer Graham Howe.

9) His buckskin tasseled jacket together with his antique German canteen, one of Jimi's more enduring personal affects, courtesy of Monika Dannemann.

10) A black and white photo of Jimi together with a letter to a friend, written in his hand and signed by him. "Spread your wings, and set yourself free."

11) A poster after a photograph by Jim Marshall, depicting Jimi performing at the Monteray Pop Festival, California 1967. This was his first gig in the States from which he launched the electric guitar into another world. It is signed on the pickguard by Jimi and was acquired from a famous groupie of the time named "The Butter Queen", Dallas, Texas. Thanks Barbara.

12) Three black and white photographs at the Marquee Club, London, 1967. Jimi's big debut was an opening act for the Who. They refused to ever follow him again. Signed by the photographer Graham Howe.

13) A solarized hand-tinted photo portrait of Jimi playing in New York City's Madison Square Garden entitled "Purple Haze", signed by the photographer Nona Hatay.

14) Gold lp presented to Reprise Records for "Are You experienced".

15) Gold lp presented to Reprise Records for "Smash Hits"

16) A hand-tooled silver concho belt adorned with turquoise, onyx and semi-prescious stones, probably Zuni (an American Indian tribe from the southwestern U.S.). One of Jimi's closest personal possessions.

<u>Section B</u> (above Hendrix left to right)

17) Little Richard - His black leather and snakeskin boots. One of the architects of Rock 'n Roll who once employed Jimi Hendrix, but later fired him for being too flamboyant. Hendrix borrowed more than a little from Little Richard's visual style.

18) Duane Allman - His Fender Stratocaster electric guitar, serial 0019. Built by Terrio Gomez, this is certainly among the first batch of Stratocasters ever produced. Duane not only fronted with legendary Allman Brothers Band, but played guitar with countless greats: Aretha Franklin, Wilson Pickett, Boz Scaggs, Joe Tax, Herbie Mann, to name just a few.

19) Les Paul - His Gibson Les Paul electric guitar, signed to the HRC. In addition to developing the electric guitar to its fundamental modern state, he is the father of multi-track recording. His accomplishments are without peer, too numerous to mention. He is in his mid-seventies and still plays in New York every Tuesday at Fat Tuesday.

20) George Harrison - His Fender Stratocaster electric guitar.

21) George Harrison and John Lennon - A black and white portrait, circa 1961 signed by the photographer. Kirchherr was Stu Sutcliffe's fiancee,a close friend of the band during their earliest days in Germany. Stu was The Beatles first bass player.

22) Bill Wyman of the Rolling Stones - The legendary Stones' Framus hollowbody electric body guitar, circa 1965.

23) Bo Diddley - A photo reproduction of an airbrush portrait of Bo Diddley by Achelleos, 1972 titled "The Originator".

24) Boy George - A guitar sculpture adorned with timepieces and keys by Boy. He built it. We bought it. The money went to charity.

25) David Bailey - His Olympus OM-3 35mm camera. Bailey was a photographic fixture of swinging London's Mod era. He was featured in the period classic "Blow-'Up" by Michelangelo Antonioni, 1967.

26) Keith Moon - A black and white photo of Keith Moon in boxing gloves, signed.

27) Keith Moon - A colour photo of Moonie running down a hallway in typically manic fashion, signed.

<u>Section C</u> (left to right)

A selection of items relating to The Who including:

28) John Entwhistle - His custom "Fenderbird" electric bass guitar, used widely in recording and in live performance, together with a black and white photo of John with the instrument, signed. Thanks, Boris.

Artefakte wie »das Ei aus Cocoon«, »das Auto von Fred Feuerstein« oder »ein Karussellpferd« aus dem beliebten Disneyfilm Mary Poppins. Die aufwendig inszenierten Kulissen, die theatralisch beleuchteten Filmmemorabilia und die schwungvolle Hintergrundmusik vermitteln ein eindrucksvolles mythisches Ambiente. Andächtig schreiten die Gäste von Raum zu Raum, bewundern die einzelnen Objekte und tauschen, durch diese »header« animiert, ihre Erinnerungen aus. Immer wieder kann der Besucher neue Details und andere Gegenstände entdecken. Zu jedem ausgestellten Objekt gibt es ein Bild aus dem Film, das die Herkunft des Stücks beweist und eine Plakette, die das Objekt beschreibt.
Wie in einem Museum bekommt der Gast so Hintergrundinformationen übermittelt. Auf seinem Rundgang beeindrucken ihn ständig neue visuelle und akustische Reize. So kann er andächtig seinen Hamburger unter dem Kleid von Judy Garland aus Easter Parade verspeisen und dabei der Hintergrundmusik lauschen, auf den in die Kulissen eingebauten Leinwänden kurze Videoclips wie »die berühmtesten Kußszenen im Film« verfolgen, und sich von der Thematik zu neuen Gesprächen inspirieren lassen (s. Foto S. 67 und S. 147). Diese eindrucksvollen Vorstellungen vermitteln den Filmliebhabern das Gefühl, an einem ehrwürdigen Ort zu sein, an dem sie wie in einem Filmmuseum ständig eine »Runde« drehen, um die unterschiedlichen Memorabilia und ihre Inszenierung zu bewundern. Der angrenzende Museums-(Merchandising)-Shop ermöglicht schließlich, diesen mythischen Planeten mit einem kleinen Souvenir zu verlassen.
Vielleicht sollte an dieser Stelle explizit ausgesprochen werden, was ein Erlebnislokal vom Typ Museum von einem ech-

ten Museum unterscheidet: In einem Museumslokal wird vor allem gegessen. Aber kein Museumskustos würde sich dazu hinreißen lassen, Ausstellungsgegenstände derart hochzuinszenieren, wie das in einem *Planet Hollywood* der Fall ist. Hier wie da dreht der Besucher die Runde, aber im Lokal fällt Theaterlicht auf die Objekte und verwandelt sie von dem, was sie sind, zu ihrem mythischen Sein. Wie im Spielfilm versetzt unterlegte Musik den Gast in Erlebnis-Stimmung, mobile Filmleinwände addieren mit ihrem Auftritt zu der ständigen Show noch den Special Event, der aus dem Restaurantbesuch ein theatralisches Erlebnis macht. Die Vorstellung, das Theaterbesuchsscript, verwandelt die Museumsartefakte zur großen Show.

Der weltweite Erfolg der Restaurantketten *Planet Hollywood* und *Hard Rock Café* liegt unter anderem auch an der Vervielfältigungsfähigkeit von Museums-Lokalen. Wenn man in jedem neuen Restaurant der Kette immer nur Unikate, also Originale, ausstellt, ergeben sich dadurch von Lokal zu Lokal unweigerlich Abweichungen in Dekoration und Inszenierung. Die verschiedenen *Planet Hollywood*-Restaurants in Amerika, Europa und Asien präsentieren sich alle in ähnlicher, aber nicht identischer Weise. Stets findet man dort Filmmemorabilia, eine Bar in Swimmingpool-Form und eine Art Rundpanorama mit der nächtlichen Aussicht auf Los Angeles und die Figuren bekannter Hollywood-Schauspieler, unter anderem die Besitzer Arnold Schwarzenegger, Bruce Willis und Sylvester Stallone. In jedem Lokal variieren jedoch die Ausstellungsobjekte und dementsprechend die Inszenierung der Bar und des Panoramas. In Hongkong begrüßt den Gast eine überdimensionale Statue von Jack Nicholson, dem Joker aus

Die orange leuchtende Lava-Bar im »Planet Hollywood« in Las Vegas (oben)
Das Kleid von Judy Garland aus Easter Parade und andere Memorabilia im »Planet Hollywood« in Minneapolis (unten)

dem Spielfilm »Batman«, und das nächtliche L.A. erstreckt sich horizontal über mehrere Meter. In Minneapolis hingegen findet man gleich beim Eingang das Kostüm von Arnold Schwarzenegger aus »Terminator«, und das Rundpanorama ist eher schmal gehalten. Es wird also immer das gleiche geboten, aber mit neuen Elementen so aufgefrischt, daß es den Gästen Spaß macht, die verschiedenen *Planets* zu besichtigen, zu sehen, wie man es nun dort inszeniert. Es ist ein bißchen so wie mit Kunstliebhabern, die zu allen Museen dieser Welt pilgern, um die jeweils besonderen Exponate zu betrachten und die unterschiedliche Inszenierung zu genießen. Das Guggenheim-Museum in New York zum Beispiel präsentiert die Werke moderner Künstler in der berühmten weißen Schnecke von Frank Lloyd Wright, und jenes in Venedig ist in einem romantischen, mit Efeu bewachsenen Palazzo beheimatet. Überall moderne Kunst, aber jeweils ein bißchen anders dargeboten.

Das Geheimnis der *Planet Hollywood*-Kette liegt auch darin, daß die einzelnen Restaurants in ihrem Erscheinungsbild immer dem kulturellen Umfeld eines Landes oder einer Stadt angepaßt werden. In Chicago, wo sich in einem Entertainment-District ein Dutzend Erlebnisrestaurants angesiedelt haben, präsentiert sich das *Planet* auffällig, durch eine pompöse, mit Kulissen bestückte Fassade. In New York und in London paßt es sich optisch mit dezenten Leuchtschriften und einem kleinen Eingang an das historische Stadtbild an. Und in Las Vegas, wo jeder durch das ständige Klimpern der Spielautomaten und die unzähligen Leuchtreklamen ein sehr hohes Aktivierungsniveau hat, überflutet auch das *Planet Hollywood* seine Gäste mit vielen visuellen und akustischen Reizen.

Die Vervielfältigung von Lokalen des Typs Das Museum ist eben nur dann wirklich erfolgreich, wenn es sich um dynamische und flexible Konzepte handelt, die sich dem Umfeld anpassen.

Große Inszenierung auch im Kleinen

»Café Museu« steht auf einer Leuchttafel an der Strandpromenade Barcelonas, dem »Port Olimpic«. Das erregt sofort meine Aufmerksamkeit und siehe da, das Restaurant *Tarda Rock* entpuppt sich tatsächlich als ein europäischer Klone vom *Hard Rock Café*. Der Besitzer stellt hier jedoch seine private Sammlung an Memorabilia aus und bringt so seine Leidenschaft zur Rockmusik zum Ausdruck. Betreten wird das Lokal durch eine Red Tongue, eine überdimensionale rote Zunge und sofort erkennt man die Hommage an die Rolling Stones. Nach amerikanischem Vorbild befinden sich im Inneren goldene Schallplatten und Artefakte der legendären Rockband, inszenierte Speisekarten und Zündholzschachteln mit dem Logo, aber auch Erinnerungsfotos, die die persönliche Geschichte des Besitzers als Rowdy und Tourmanager dokumentieren. Und der Besitzer ging in der Inszenierung sogar noch einen Schritt weiter und gestaltete eine begehbare Vitrine, einen kleinen Schrein, in dem sich der Besucher für kurze Zeit alleine mit den Objekten befindet. Das *Tarda Rock* ist sozusagen ein kommerzielles, aufwendig inszeniertes Sammlermuseum.

Etwas bescheidener präsentiert sich das Museums-Lokal *Peter's Café Hartauer* in Wien. Um den Gästen seine Liebe zur

Oper zu vermitteln, verlagerte der Besitzer seine Privatsammlung ins Lokal. Hunderte signierte, dem Peter persönlich gewidmete Fotos großer Opernstars und Divas füllen die Wände des gemütlichen Cafés. Den Höhepunkt bildet ein Altar für Rita Streich: ein kleiner, in die Wand versenkter Glasschrein mit Fotos, Programmheften und Requisiten der berühmten Sopranistin, die von 1956 bis 1972 an der Wiener Oper sang. Die passende Hintergrundmusik und die persönlichen Geschichten zu jedem einzelnen Ausstellungsobjekt lassen diesen Ort zu einem besonderen und beliebten Treffpunkt werden. Zu später Stunde gibt es manchmal noch ein kleines Spiel: die Gäste sollen den Namen des Dirigenten und den Sänger der soeben gespielten Arie erraten. Für Kenner ist das kein Problem, und die anderen lernen noch eine Kleinigkeit dazu. Der Besitzer Peter macht sich den Spaß, für solche Anlässe eigene Arienvariationen zu collagieren, um sogar den Experten zu täuschen. Wie in jedem Museums-Lokal bewegt man sich auch hier andächtig und verläßt das Lokal mit ein bißchen mehr Wissen und Liebe zur Opernkultur.

Eine Gemälde-Galerie

Das Lokal als Galerie, *The Eccentric*, kreierten die Gestalter der »Lettuce Entertain You Enterprises« gemeinsam mit Oprah Winfrey, der berühmten amerikanischen Talkshow-Moderatorin. Um eine geeignete Atmosphäre für die Werke, vor allem Gemälde, der über hundert jungen Künstler aus Chicago zu schaffen, wurde die riesige Halle des Restaurants mittels freistehender Wände und beweglicher Samtvorhänge so unterteilt, daß alle Bereiche einsehbar blieben, jedoch verschiedene Büh-

nenbilder entstanden. Die einzelnen Kunstgegenstände sind über das gesamte Areal verstreut und in Szenarien so integriert, daß etwa eine rustikale englische Bibliothek, ein moderner schwarzer Ausstellungsraum oder eine pompöse barocke Theaterbühne mit roten Samtvorhängen entstanden.
Wie in einer inszenierten Galerie nimmt der Gast die ausgestellten Objekte in einer simulierten, jedoch natürlich wirkenden Umgebung wahr. Er kann dieses künstlerische Ambiente während seines Mahls als kulissenhafte Vorstellung auskosten. Ständig wird er dabei bemüht sein, die Kunstwerke optisch zu erfassen und sie in ihre Umgebung einzupassen. Unweigerlich dreht er sozusagen visuell eine Runde.

Um die theatralische Inszenierung noch zu verstärken, ließ man sich etwas Besonderes einfallen: farbige Samtvorhänge trennen die einzelnen inszenierten Bühnen voneinander, wie früher im römischen Theater. Um spektakuläre Verwandlungs- und Überraschungseffekte zu ermöglichen, versteckte damals ein Vorhang Teile der Bühne für ungestörte Umbauarbeiten. Durch das Beiseiteziehen des Vorhangs wurde während der Aufführung ständig das Bühnenbild verändert und so das Publikum immer wieder überrascht. Im Restaurant *The Eccentric* gewährt man den Gästen ebenso nur Einblick in jene Räume, in denen gerade eine Vorstellung stattfindet, also in denen gerade gespeist wird. Bereiche, die entweder leer oder gerade in Arbeit sind, bleiben vor den Gästen verborgen. Die mobilen Samtvorhänge ermöglichen es, die Aufmerksamkeit der Besucher auf gewisse Bereiche und Gegenstände zu fokussieren. Das Beiseiteziehen der Vorhänge gibt den einzelnen Ausstellungsräumen einen theatralischen Auftritt, eine neue Bühne für die nächste Vorstellung ist eröffnet.

ist eine weitere Möglichkeit, ein Lokal des Typs *Das Museum* zu gestalten. Statt Objekten aus anderen Bereichen stellt man hier jene Gegenstände aus, die auch vor Ort verspeist, gekostet oder gekauft werden können. Es ist eine typische Inszenierungsform für Vinotheken und Delikatessengeschäfte mit Restaurant- oder Bistrobetrieb. Hunderte in Regalen ausgestellte Weine oder Käsesorten animieren den Gast, durchs Lokal zu schlendern und das vielfältige Sortiment zu gustieren. Womöglich kann er schon durch optische Vergleiche erste Unterschiede zwischen den einzelnen Produkten erkennen, aber erst die inszenierten Kostproben lassen ihn die wirklichen Nuancen entdecken und Neues kennenlernen. Wie in einem Museum lernt der Gast bei jedem Besuch und jeder Degustation die angebotenen Produkte zu differenzieren. Die Verkostung der Spezialitäten läßt ihn Vergleiche anstellen und hilft ihm schließlich, das richtige Produkt mit nach Hause zu nehmen. Sie ist dabei wie eine wiederkehrende Vorstellung, die den Gast allmählich zum Experten macht. Jeder Besuch ebnet ihm den Weg zu einer besonderen kulinarischen Kennerschaft.

Zusammenfassend kann man sagen, daß es folgende Möglichkeiten gibt, ein Lokal vom Typ Museum zu gestalten:
Memorabilia, Museumsführer, Sammlerstücke, Bühnenbilder oder aber das ausgestellte Sortiment animieren den Gast dazu, eine Runde zu drehen und werten durch ihre Gegenwart das Lokal emotional auf.
Inszenierte Memorabilia, Videoleinwände, das Beiseiteziehen der Vorhänge und Kostproben präsentieren eine informative und meist auch weiterbildende Vorstellung.

Was kann man Gastronomen empfehlen?

- Stellen Sie Memorabilia oder Sortimente nicht nur einfach aus, sondern inszenieren Sie die Objekte der Begierde beispielsweise durch Rauch oder Licht.
- Ermöglichen Sie es Ihren Gästen immer, eine Runde zu drehen, um die ausgestellten Objekte zu betrachten.
- Schaffen Sie so Zugang zu den einzelnen Stücken, daß die übrigen Gäste beim Rundgang nicht gestört werden.
- Bedenken Sie, daß Ihre Gäste, genauso wie bei einem Museumsbesuch, etwas lernen wollen.
- Geben Sie ihnen daher auf Tafeln, Plakaten usw. Informationen, erzählen Sie Geschichten oder lassen Sie sie vom Sortiment kosten.
- Falls Sie Videoleinwände installieren, geben Sie ihnen immer wieder einen Auftritt, durch Ein- und Ausfahren, oder Ein- und Ausschalten.
- Bieten Sie, wie in kommerziellen Museen, Ihren Gästen in einem Merchandising-Shop die Gelegenheit, ein Souvenir zu erstehen.
- Wollen Sie ein Museums-Lokal vervielfältigen, dann achten Sie darauf, daß Sie ein dynamisches Konzept entwickeln, um Ihren Gästen einen Anreiz zu bieten, alle Lokale zu besichtigen.
- Behalten Sie das Grundkonzept bei und ändern Sie die Inszenierung im Detail.

Inszenierte Memorabilia
Entree | Beiseiteziehen der Vorhänge
Platzsuche | Videoleinwände
Programmheft | Kostproben

Vorstellung

Runde | Memorabilia
Applaus | Museumsführer
Abgang | Sammlerstücke
Bühnenbilder
Ausgestelltes Sortiment

Schaulust

»It's really hot!«, flüstert die Kellnerin und sieht dabei meinem männlichen Reisebegleiter tief in die Augen, als sie uns die Buffalo Chicken Wings, die Spezialität des Hauses serviert. Eine zweideutige Anspielung, hier in einem Diner für die ganze Familie, im prüden Amerika, das kann doch nicht sein! Mit ihrer eigenen Restaurantkette, *Hooters*, haben sich sechs Geschäftsmänner aus Clearwater ihren Traum erfüllt: einen Diner, dessen Angebot Männeraugen zum Leuchten bringt. Und so gibt es Bier, »chicken wings«, Sportübertragungen auf großen Leinwänden und vor allem kesse Serviererinnen, deren knackig kurze, orangefarbene Hot Pants und weiße, enganliegende T-Shirts, die weiblichen Rundungen betonen. Wissend um ihre erotische Ausstrahlung, unterstützen die jungen Damen die voyeuristische Neugier der männlichen Gäste, nehmen sich viel Zeit bei der Bestellung und für persönliche Betreuung, natürlich nur in gewissen Grenzen. Der Slogan auf der Speisekarte, »If there is anything special you require please ask – within reason, of course!«, legt von Anfang an strikte Spielregeln fest. Die Lust am Schauen, der Voyeurismus wird dem Gast jedoch schon durch das *Hooters*-Logo am Eingang, eine Eule mit zwei großen orange-leuchtenden Augen, erlaubt. Nach dem Motto »Look deeply into my Eyes and consider this« sind die meisten Sitzplätze Barhocker, so daß man sich auch tatsächlich in Augenhöhe der Servierdamen befindet. Die erotischen Signale schließlich, vor allem die knappen leuchtenden Shorts, ziehen alle Blicke auf sich und animieren dazu, das Objekt der Begierde optisch zu verfolgen. Selbst die weiblichen Gäste drehen mit ihren Augen stets eine Runde, die »Schaulust« wird einem regelrecht aufgedrängt.

Die Lokale des Typs SCHAULUST stellen also jene Runde in den Vordergrund, durch die die Gäste ihre voyeuristische Neugier befriedigen können.
Die Lust am Schauen, eigentlich ein kindlicher, meist sexuell orientierter Entdeckungstrieb, veranlaßt den Gast hier, die Welt vor allem visuell zu erkunden. Laut Lexikon der praktischen Psychologie ist die Schaulust für den Menschen »deshalb so wichtig, weil in der Kulturentwicklung der Gesichtssinn betont wurde, während die ›Sinne der Nähe‹, vor allem aber der Geruchssinn, gehemmt oder sogar tabuisiert wurden. Die Schaulust scheint oft ein Verlangen nach Schönheit zu sein«. Unter Schönheit wird in diesem Fall alles bezeichnet, was dem Auge schmeichelt: von erotischen Signalen bis zu ästhetischer Architektur. Durch die ständige Suche nach neuen Schlüsselreizen schürt der Voyeurismus natürlich auch die Neugier, das Bedürfnis, mehr Informationen aufzunehmen, das nur durch einen Rundgang befriedigt werden kann.

Schaulust in der Lokalszene bedeutet also, die Neugier der Gäste wecken: entweder durch anthropologische, meist sexuelle Signale oder durch die Ästhetik und Komplexität der Architektur. Es ist das Spiel mit dem Eroberungsdrang beziehungsweise dem Forschungsdrang, der die Gäste dazu animiert, eine Runde zu drehen.

Ein Spielplatz für Erwachsene

ist Alfredo Arribas Cocktail-Bar *Torres de Avila* am Eingang des Poble Español, das ich auf meiner ersten Barcelona-Reise entdeckte. Die beiden Türme der Burg - der Mond- und der Sonnenturm - wurden so miteinander verbunden, daß jeder Gast, durch architektonische Reize animiert, von Raum zu Raum, von Ebene zu Ebene schreitet - ständig auf der Suche nach neuen Eindrücken und optischen Überraschungen.
Schon das Entree verspricht eine abenteuerliche Reise. Über einen an der Außenmauer, in halber Höhe der Burg aufgehängten Rost klettern wir zu einer trapezförmigen Glastür, die sich wie von Geisterhand öffnet. Plötzlich ein Blitzen! Das kupferne Auge vis à vis des Eingangs hat uns registriert und begrüßt uns mit einem Flash. Das Prinzip der Schaulust - Auge gegen Auge - animiert uns: durch den Glasfußboden über uns registrieren wir ein digitales Auge auf einem Videomonitor, dort wollen wir hin, aber wie? Sollen wir links dem blauen Licht folgen oder lieber zuerst rechts in den gelben Raum schauen? Angezogen von dem mystischen Blau starten wir unsere Runde imlinken Barbereich. Und siehe da, über einer Theken-Rotunde erblicken wir einen leuchtenden blauen Sternenhimmel, der sich um die Sitzgelegenheiten einer Galerieetage dreht (s. Foto S. 158). Angelockt von dieser himmlischen Atmosphäre steigen wir die nächstgelegenen Treppen hinauf,

Der Durchstich im Sonnenturm des »Torres de Avila« animiert zu einer Runde

Der sich drehende Sternenhimmel im Mondturm des »Torres de Avila«, Barcelona (linke Seite)

besichtigen diese schwebende Galerie und befinden uns nun in der Bar mit dem Video-Auge – Bindeglied zwischen den beiden Türmen. Und so wandern wir zum Sonnenturm hinüber, angezogen durch warmes gelbes Licht. Dort erwarten uns weitere kuschelige Sitzmöglichkeiten, bunt beleuchtete Löwenbüsten an den Wänden und eine leuchtende auf- und abfahrende Kugel, die Lichtpunkte über den gesamten Raum gleiten läßt (s. Foto S. 158). Ein großer runder Durchstich im Fußboden läßt uns in zwei darunterliegende Bereiche blicken: in eine runde Bar und in die Herrentoilette, erkennbar nur durch das grüne Leuchten eines Billardtisches. Vom Sonnenturm aus bieten sich nun wieder zwei Wege an: entweder wir klettern ein Metallstiegengerüst hinauf, das uns zu einer Holzschiffbar unter einer Glaspyramide führt, oder wir steigen in den gläsernen Aufzug und begeben uns direkt auf die Dachterrasse. Welche Route wir auch wählen, wir landen schließlich am Dach mit einem betörenden Blick über Barcelona. Beide Türme sind auch hier miteinander verbunden und durch Aufbauten mit den Insignien von Sonne und Mond gekrönt (s. Foto S. 161). Doch selbst an dieser Stelle überkommt uns das Gefühl, noch nicht alles erforscht zu haben.

Anthropologen würden diese scheinbar grundlose Rastlosigkeit als Odysseusfaktor bezeichnen, als jenen Drang des Menschen, in unbekannte Dimensionen vorzustoßen wie früher nur Pioniere und Neuerer. Das *Torres de Avila* macht sich dieses Phänomen zunutze und präsentiert sich als großes unbekanntes Areal, das man wie eine geheime Burg, wie einen Abenteuerspielplatz für Erwachsene erkunden möchte.

Hier wird dieser Forschungsdrang jedoch durch architektonische Reize ausgelöst, durch Lichtstrahlen und Durchblicke, die uns immer wieder neue Objekte oder Teile von Gegen-

Die Dachterrasse
des »Torres de Avila«
mit den Insignien
von Sonne und Mond

ständen entdecken lassen. Stets wird man also dazu animiert, eine Runde zu drehen, um auch wirklich alle Objekte und Räume der Türme von Avila zu betrachten.

Die Schaulust und die Neugier sind meist so stark, daß der Gast von der Dachterrasse nochmals hinuntersteigt, um jeden noch unerforschten Winkel des Gebäudes aufzusuchen. Manche verlassen diese phantastische Cocktailbar sogar ohne größere Konsumation, denn die Besitzer geben ihnen keinen Anlaß, länger Platz zu nehmen: weder Snacks noch Speisen werden angeboten und die Qualität der Cocktails veranlaßt auch zu keinem weiteren. Durch die besondere Architektur steht »die Runde« so sehr im Vordergrund, daß sie sogar mit dem obligaten Getränk in der Hand gedreht wird, das im Eintrittspreis enthalten ist. Die Betreiber haben es hier verabsäumt, über den architektonischen Rahmen ein passendes gastronomisches Konzept zu legen, also das Restaurant-Script durch entsprechende Signale und Angebote auszulösen.

Ein volles Restaurant in einem leeren Theater

Diesem Problem entging Philippe Starck in seinem schon oft erwähnten Lokalkomplex *Teatriz* in Madrid, indem er einen Restaurantbereich installierte. Auch hier treibt den Gast die Schaulust, die voyeuristische Neugier, in immer tiefere Bereiche des Gebäudes.

Vom türkisblauen Café in der Eingangshalle führt ihn eine grau wattierte Ledertür in einen niederen Korridor. Geradeaus ein schmaler dunkler Gang, rechts locken gelbe Wände und schwarz-weiße Leuchttafeln. Von dort führt eine offenstehende Tür zu einer ersten Station: dem Restaurant. In dem ehemaligen Zuschauerraum des Kindertheaters nimmt man also Platz, speist deliziös und betrachtet in Ruhe seine Umgebung. Man dreht visuell, nur mit den Augen, eine erste Runde und entdeckt dabei Bereiche, die man anschließend erforschen möchte. Die selbstleuchtende gelbe Onyxbar auf der ehemaligen Theaterbühne stellt einen ersten Anziehungspunkt dar. Durch ihre exponierte Lage fördert sie einerseits den Voyeurismus der Restaurantbesucher und andererseits das Bedürfnis, sie aufzusuchen. Der schwere graue Theatervorhang, der die ehemaligen Logen verdeckt, wurde an einer Stelle so drapiert, daß er »Einblick« in die obere Etage gewährt (s. Foto S. 2). Eindeutig wurde hier bewußt ein antizipatorisches Signal gesetzt: während man im Restaurant speist, sieht man die ganze Zeit den drapierten und mit Theaterlicht beleuchteten Vorhang. Und man kann gar nicht anders, als nach dem Essen seine Neugier zu befriedigen, hinaufzugehen und das Areal zu erforschen. Oben angelangt wird man auch nicht enttäuscht. Man blickt von dieser Loge auf die Bühne hinunter, auf die leuchtende Onyxbar (s. Foto S. 165) und auf den Speiseraum, wo man das Gemälde von Giorgio de Chirico am Fußboden erkennen kann. Schließlich kann man noch als Überraschung sein Ebenbild in dem riesigen Spiegel hinter der Bar betrachten, der extra für diese »Perspektive« schräg gestellt wurde.

Von dort geht die Forschungsreise natürlich weiter zu dieser glänzenden Onyxbar auf der Bühne. Auf dem Weg dorthin lockt den Gast ein dunkler, schummriger Stiegenabgang in die unterirdischen Räume des Theaters. Von der Schaulust getrieben, steigt man hinunter und entdeckt einen gemütlichen Salon mit simuliertem Kaminfeuer und Büchern und hinter einer blauen Glaswand einen riesigen Waschraum mit pompösen Waschtischen aus Marmor und vergoldetem Holz. Extrem Neugierige stoßen schließlich auf einen kleinen weißgekachelten Raum, in dem riesige Boxen stehen, die anscheinend das gesamte Lokal mit Musik beschallen. In diesem lärmgedämmten Bereich sind die Kacheln so präpariert, daß die Fußabdrücke der Gäste für kurze Zeit sichtbar bleiben, ähnlich wie in Michael Jacksons Musikclip zu seinem Hit »Thriller«.

Erst wenn der Gast das Gefühl hat, alles gesehen und erforscht zu haben, wird er diesen Ort, dieses Theater beruhigt verlassen.

Philippe Starck animiert in seinem *Teatriz* durch viele architektonische Reize wie Einblicke, Leuchtfarben, halbdurchsichtige Glasfronten, Perspektivenwechsel zu einem Rundgang. Er macht jedoch durch das Restaurant und die unterschiedlichen Bars das gastronomische Umfeld präsent. Im *Teatriz* werden also beide Drehbücher im Kopf – Restaurant und Theater – gleichermaßen aufgerufen, so daß die theatralische Inszenierung und das gastronomische Angebot zu einer Einheit verschmelzen, sich gegenseitig befruchten.

Mit dem Rücken zur Aussicht

Ein architektonisches Meisterwerk kreierte Starck kürzlich in der obersten Etage des Peninsula Hotels in Hongkong: das *Félix* – Restaurant, Bar und Diskothek auf nur hundertfünfundsechzig Quadratmetern. Die besondere Lage, der uneingeschränkte Blick auf Hongkong Island, hätte manche Architekten dazu bewogen, einfach Stühle an die beidseitigen Glasfronten zu stellen und ein Lokal des Typs Die Schöne Aussicht zu gestalten. Philippe Starck benützt hier jedoch die

Der Blick vom
Balkon auf die
leuchtende
Onyxbar im
»Teatriz« in Madrid

Skyline von Hongkong als Kulisse für die Schaulust. Lamellenjalousien, wie Theatervorhänge durch Spots von oben bestrahlt, erstrecken sich über die gesamte Glasfront und rücken die Aussicht absichtlich ein wenig in den Hintergrund. Der Mythos von Hongkong wird sozusagen zum Environment für das Lokal, zum Umfeld für die Schaulust, die man im Inneren genießt. Nach dem Motto »seeing is believing« erforscht man auch hier jeden einzelnen Winkel des Lokals. Eine flimmernde blaue Rückwand, die durch Lichtprojektion an eine Meeresoberfläche erinnert, lockt den Gast über eine zentrale Achse zu einer fünf Meter langen leuchtenden Austernbar, vorbei am Restaurant, dessen Stühle die Portraits enger Freunde und Mitarbeiter des französischen Architekten tragen. Von dort blickt er zurück auf zwei symmetrisch angeordnete, überdimensionale spiralenförmige Gebilde. Jede dieser beiden Schnecken beherbergt am Dach eine Bar, zu der selbstleuchtende Treppen führen, und im Inneren der Schnecken befinden sich eine winzige Diskothek und eine abgeschiedene Weinbar. Mit jedem Schritt und jeder Bewegung entdeckt man neue Bereiche und Details, obwohl das *Félix* sich nur auf einer einzigen Ebene, ja eigentlich nur in einem einzigen großen Raum befindet. Durch die Installation der beiden Schnecken wurden zusätzlich vier Bereiche – zwei Bars, eine Diskothek und eine Weinbar – kreiert. Durch Lichtveränderungen – Tischlampen im Restaurant, eine flimmernde Rückwand an der Austernbar, leuchtende Fußböden in den Schnecken – und unterschiedliche Materialien – Metall, Mahagoni, Glas, Marmor – wurden die einzelnen Bereiche optisch von einander so abgehoben, daß die Schaulust unseren Forschungsdrang weckt. Sogar auf den edlen Toiletten spielt sie eine Rolle: das Pissoir der Herren ist so angelegt, daß eine

Glasscheibe freien Blick auf Hongkong gewährt. »Seeing« ist hier wirklich »believing«!

»Sehen und gesehen werden«

könnte das Motto der Diskothek *Gran Velvet* sein. In einem überdimensionalen Schiff in der Nähe von Barcelona, das eigentlich nach Casino-Know-how eine große Maschine mit aufwendigen Geldleitsystemen und großen unterirdischen Bereichen ist, haben Alfredo Arribas und Miguel Morte ein Ambiente geschaffen, das die Schaulust sowohl durch architektonische Reize als auch durch erotische Signale schürt.
Das mystisch blaue Leuchten der Neonbar, die sich um den gesamten Rumpf des Ozeandampfers windet, auf der einen Seite und auf der anderen der Blick hinunter auf das rege Treiben der Tanzfläche, wo sich die Jungendlichen produzieren, veranlassen den Gast zuallererst, die obere Galerie entlangzupromenieren. Hin und wieder bleibt er dann stehen, kauft sich einen Drink an der vielleicht längsten Bar der Welt, wippt selbst ein bißchen zur Techno-Musik oder beobachtet die selbstdarstellerische Show der Tänzer. Eine große buntbeleuchtete Rampe, die quer durchs Areal die beiden Loops miteinander verbindet, fordert die Kids auf, vor aller Augen hinunterzutanzen. Sie können sich hier in exhibitionistischer Weise produzieren und die neugierigen Blicke der Schaulustigen auf sich ziehen. Es ist die einzige Möglichkeit, in der überfüllten Disco Aufmerksamkeit zu erregen und vielleicht dem einen oder anderen zu imponieren. Wer sich von den Strapazen und der dröhnenden Techno-Musik erholen möchte, findet auf seinem Rundgang ein schwebendes Ufo, einen Bar-

raum, der der ursprünglichen Velvet-Bar nachempfunden wurde. Bei sanfter Musik kann man auch hier seinen Voyeurismus befriedigen: Rundumfenster geben den Blick frei auf die Auftrittsrampe und die wundervolle Neonbar. Schaulust soweit das Auge reicht!

Die Lokale des Typs Schaulust sind immer sinnliche Orte, die durch ihre Schönheit und Ästhetik die voyeuristische Neugier wecken. Oft tragen sie auch die Handschrift bekannter Architekten und Designer, die entweder durch erotische Signale eine visuelle Runde provozieren, oder durch architektonische Reize einen tatsächlichen Rundgang auslösen. Es gilt diese besonderen Orte zu erforschen.

Was kann man Gastronomen empfehlen?

- Beachten Sie, daß Lokale des Typs Schaulust meist viel Raum benötigen und aufwendig inszeniert sind.
- Animieren Sie die Gäste durch antizipatorische Signale zu einer Runde.
- Denken Sie daran, daß Sie die Aufmerksamkeit Ihrer Gäste erregen müssen und deshalb überall etwas passieren muß.
- Überraschen Sie Ihre Gäste mit einzigartigen Räumen, mit einem Abenteuerspielplatz für Erwachsene.
- Machen Sie alle Bereiche des Lokals zugänglich und –
- schaffen Sie Platz zum Promenieren.
- Vergessen Sie nicht, auch das Restaurant-Script auszulösen, sonst wird Ihr Lokal nur besichtigt.
- Finden Sie ein passendes gastronomisches Konzept, das die Runde immer wieder zum Zweck des Konsumierens unterbricht.

- Bauen Sie kulinarische Stationen ein.
- Geben Sie den Gästen einen Grund zu verweilen.
- Falls Sie ein Schaulust-Lokal auf nur einer Ebene gestalten wollen, denken Sie daran, mit verschiedenem Licht und Materialien unterschiedliche Bereiche zu inszenieren.

Entree
Platzsuche
Programmheft
Vorstellung
Runde
Applaus
Abgang

Erotische Signale
Architektonische Reize

Durchblicke
Lichtstrahlen
Perspektiven
Leuchtfarben
Glasfronten

Das Kleine Extra

Bei einer Tasse Kaffee im Internet surfen, nach einer durchtanzten Nacht schnell in den Swimmingpool springen, während eines Plausches mit Freunden die Wäsche reinigen oder nach einem Snack noch ein Kleid kaufen? Diese Bedürfnisse befriedigen unter anderem die Lokale des Typs DAS KLEINE EXTRA.

Sie borgen sich nämlich Elemente aus anderen alltäglichen Bereichen aus, um dem Gast ein zusätzliches Motiv für seinen Besuch zu geben. Die kleinen Extras – Computer, Swimmingpool, Waschmaschinen, Bekleidung – befinden sich nicht in ihrem üblichen Umfeld – Büro, Schwimmbad, Wäscherei, Boutique –, sondern in einem neuen Kontext, eben dem Lokal. Dabei behalten sie ihre ursprüngliche, oft spannungslösende Funktion bei. Das Lokal erweitert so sein Angebot, weit über das gastronomische hinaus.

Durch die Anreicherung des gastronomischen Betriebs durch Elemente aus anderen Bereichen kann der Gast den Restaurantbesuch mit weiteren Tätigkeiten verbinden. Er kann nach dem Essen durch körperliche oder sonstige Aktivitäten verbliebene Restspannungen abbauen, ein bißchen so wie im Theater, wo die motorischen Bewegungen beim Applaus dem Publikum helfen, Spannungen zu lösen.

Lokale des Typs Das Kleine Extra benützen alle solche Synergie-Effekte, um das Bedürfnis des Gastes nach einem zusätzlichen Angebot, nach Lösung von Restspannungen und nach Abfeiern zu befriedigen. Es ist der inszenierte Applaus im Erlebnislokal.

Ein kleines Spiel spielen

nenne ich die erste von insgesamt vier Möglichkeiten, ein Lokal des Typs Das Kleine Extra zu gestalten. Hier kann der Gast den Lokalbesuch tatsächlich mit einem Spiel oder mit körperlicher Betätigung verbinden. Ein Prinzip, daß durch die bewährten Kartenspiel-, Schach- oder Billard-Cafés schon bekannt ist, und nun in anderer Form wieder auftaucht.

In den südlichen Urlaubsländern wie Griechenland, Türkei und Italien stellen schon fast alle In-Diskotheken ihren Gästen neben dem musikalischen Angebot noch einen Swimmingpool zur Verfügung. Zu später Stunde können so die Nachtschwärmer ihre erhitzten Gemüter mit einem Sprung in den Pool erfrischen. Sie können planschen und mit dem Wasser spielen, eben wie in einem Schwimmbad. Sie befinden sich aber in einer Diskothek, die zusätzlich die Schwimmbadfunktion übernimmt.
Das Besondere daran ist, daß man nicht den Besuch des Bades mit dem Besuch des angrenzenden Cafés kombiniert, sondern

umgekehrt, den Abend in der Diskothek mit dem Sprung in den Swimmingpool beendet. Der Pool wird in diesem neuen Umfeld zu einem exotischen Element. Aufwendige Inszenierungen wie Wasserprojektionen, buntes Licht und Brücken verstärken meist diesen Effekt. Die Diskothek bietet ihren Gästen durch dieses exotische Element sowohl ein psychologisches Extra als auch eine Möglichkeit der zusätzlichen körperlichen Aktivität.
Eine Kegelbahn mit einem Café ist nichts Besonderes, aber umgekehrt, eine Design-Café-Bar aus den fünfziger Jahren mit der Möglichkeit, eine »Kugel zu schieben«, sehr wohl. Das *Boliche* in Barcelona ist so eine Bar. Das wunderschöne, nur abends geöffnete Café von Designer Jordi Gala bildet den Rahmen für das Kegelspiel. In diesem Kontext wird die Kegelbahn zu etwas Besonderem, zu etwas Außergewöhnlichem, sie stellt eine zusätzliche Motivation für den Besuch dar und verändert die Bedeutung des Lokals. Die körperliche Aktivität hilft den Gästen, die Restspannungen abzubauen.

Dieselbe Funktion haben auch die Billardtische in der Restaurantbar *Ticktacktoe* in Barcelona. Die beiden Eingangsbereiche – links Restaurant, rechts Bar – münden in einen großen Hauptraum, indem sich neben einer weiteren Bar eine Tanzfläche und einige dieser Spieltische befinden. Nach einem ausgiebigen, nicht ganz billigen Mahl oder nach einem Drink kann man hier eine Runde Billard spielen. Dabei handelt es aber nicht um ein klassisches Billardcafé, in dem die Spieltische und das Spielen überwiegen, sondern um eine nur abends geöffnete Restaurantbar, indem die beiden Billardtische einen Kontrast und somit einen exotischen Zusatz bilden (s. Foto S. 173). Erst durch die Plazierung der Spieltische

Das Café auf der Buchhandlung im »Laie«, Barcelona (oben)
Ein kleines Spiel spielen im »Ticktacktoe« (unten)

in diesem neuen Kontext, hebt sich das *Ticktacktoe* von anderen Bars ab und bietet seinen Gästen eine unterhaltsame Funktionszugabe.

Cybercafé, Virtuality Café und so ähnlich bezeichnen sich viele Lokale, die dem Gast die Möglichkeit bieten, die Welt der »Virtual Reality« zu erkunden. Mit einer Datenbrille, die er aufsetzt, kann sich der Gast an einen imaginären Ort begeben und selbst eine Hauptrolle spielen in einem dreidimensionalen Computerspiel. Bedauerlich ist jedoch, daß die meisten dieser Cafés den möglichen Synergie-Effekt zwischen Gastronomie und Spiel überhaupt nicht nützen. Sie wirken nämlich eher wie Spielhallen, in denen sich Kids für kurze Zeit am Computerspiel erfreuen und auch etwas trinken können. Oft ist der »gastronomische Betrieb« auch nur durch einen Getränkeautomaten repräsentiert. Das, was die Betreiber als »Virtual Café« bezeichnen, ist meist gar kein Café! Die Kunst würde eben darin bestehen, die Funktionen umzudrehen und die Gastronomie in den Vordergrund zu rücken. Das Spiel mit der »Virtual Reality« wäre dann ins Kaffeehausleben integriert und ein psychologisches Extra.

Eine weitere Möglichkeit, Restspannungen zu lösen, besteht darin, diese wegzukaufen. Es ist eine Funktion, die im Grunde jeder Merchandising-Shop im Theater und auch schon in vielen Restaurantketten übernehmen. Lokale des Typs Das Kleine Extra überhöhen jedoch dieses Wegkaufen und inszenieren einen fachspezifischen überdimensionalen Merchandising-Shop neben dem gastronomischen Bereich.

Das Logo – die Kaffeetasse auf einem Buch – entfacht schon beim Eintreten das Bedürfnis, den kulinarischen Aufenthalt mit einer Lektüre zu verbinden. Das *Laie*, das »Libreria Café« in Barcelona erfüllt dieses Bedürfnis, das das Logo weckt. Im Parterre des *Laie* befindet sich eine Buchhandlung, im ersten Stock ein Café. Um den Zusammenhang zwischen Buch und Kaffee zu verdeutlichen, wurden die beiden Teile mit einer Glasfront verbunden (s. Foto S. 173). Die Buchhandlung und das Café werden so auch optisch als ein Ort registriert.
»Das Ganze ist mehr als die Summe seiner Teile« würden Gestaltpsychologen sagen, und so ergänzen sich auch die beiden Teile in ihrer Funktion. Das soeben gekaufte Buch kann gleich im Café gelesen werden, oder der Wunsch nach Lektüre während des Lokalbesuchs sofort in der Buchhandlung befriedigt werden. Viele kaufen sich nach einem gemütlichen Frühstück oder Mittagessen im *Laie*, auf dem Weg hinaus, im Merchandising-Shop, in der Buchhandlung, ein kleines literarisches Andenken. Das Café auf der Buchhandlung ist eigentlich eine evidente Verschmelzung von zwei Bereichen, vor allem, wenn man an die Wiener Kaffeehaustradition denkt, während der »Melange« die aufliegenden Zeitungen zu lesen.

Die Lokale der amerikanischen Kette *Boogies Diner* machten die Kombination von Diner und Bekleidungsgeschäft zu ihrem durchgängigen Prinzip. Der Branchenmix von Gastronomie und Textilien erscheint wohl – für europäische Verhältnisse – sehr ungewöhnlich, da man in den meisten Boutiquen schon am Eingang aufgefordert wird, das Geschäft nicht mit Speisen oder Getränken zu betreten. Durch einige hygienische Maßnahmen und die Disziplin der Gäste ließ sich jedoch das Konzept »eat heavy, dress cool« verwirklichen. Während einige Familienmitglieder sich genüßlich bei einer Coke oder einem Burger im Speisebereich ausruhen, können andere im Shop Schuhe, Kleider, Jacken und Jeans probieren und ihren Einkaufsbummel fortsetzen. Wenn sich beispielsweise ein Kunde zu einem Kauf nicht sofort entschließen kann und »noch kurz etwas trinken gehen« möchte, bietet ihm der Diner im Stil der 50er Jahre die passende Gelegenheit. Er verliert so sein begehrtes Kleidungsstück nicht aus den Augen. Und wer nach einem schweren Essen noch irgendwelche Restspannungen abbauen möchte, kann am Weg hinaus, en passant, einfach ein Kleid kaufen. (s. Foto S. 177).

Ähnliche Möglichkeiten bietet das *El Mercadillo.* In einem ehemaligen Bürgerpalast, im Herzen von Barcelonas Altstadt, wurde ein Einkaufsparadies für Jugendliche errichtet: ein Café und Dutzende Flohmarktständer, an denen die Kids das passende schrille Outfit für den Discoabend auswählen können. Ein riesiger, überdimensionaler Kleider-(Merchandising)-Shop? Nicht nur, denn der gastronomische Bereich hat noch eine weitere Funktion: er dient auch als Wartezimmer für den angrenzenden Friseur. (s. Foto S. 177). Die verschiedenen Bereiche sind so angelegt, daß der Gast alle Angebote optimal nutzen und miteinander kombinieren kann. Der Weg zum gastronomischen Bereich führt durch die Kleiderabteilung, und der Weg zum Friseur natürlich durchs Café. Der Branchenmix von Gastronomie, Textilien und Friseur macht das *El Mercadillo* zu einem Ort, an dem die Jugendlichen das Angenehme mit dem Nützlichen verbinden.

En passant ein Kleid kaufen im »Boogies Diner« in Las Vegas (oben)
Im Café auf den Friseur warten im »El Meracadillo« in Barcelona (unten)

Das Angenehme mit dem Nützlichen verbinden

Eine weitere Gestaltungsstrategie für Das Kleine Extra besteht darin, Bereiche so miteinander zu kombinieren, daß der Gast mehrere Dinge zur gleichen Zeit erledigen kann.
Im *BrainWash Café* in San Franscisco warten die Besucher, vorwiegend Künstler und Schriftsteller, in einem gemütlichen schicken Lokal auf die Reinigung ihrer Wäsche. Im *Espresso Dental* in Seattle warten die Gäste an der Bar auf den Zahnarzt oder den Masseur. Durch die Kombinationen von Café und Wäscherei oder von Espressobar, Zahnarztpraxis und Massagesalon werden Produkte kreiert, durch die man das Angenehme zugleich mit dem Nützlichen verbinden kann. Der Branchenmix macht das Lokal zu einem multifunktionalen Ort, von denen es noch viel zu wenige gibt.

Warum nicht den Restaurantbesuch mit Charity kombinieren? Diese Initiative ergriffen die Betreiber des *LORE*, der LObby-REstaurants in Köln und Frankfurt. An einem Ort sollen hier gutsituierte Manager und weniger bemittelte Obdachlose zusammengeführt werden. Wie soll das funktioniert? Durch unterschiedliche Preisgestaltung. Für dasselbe dreigängige, einfache Menü zahlen die »Banker«, die Gutsituierten, rund zehn Mark und die »Berber«, so werden hier die Mittellosen genannt, weniger als vier Mark. Mit jedem Restaurantbesuch unterstützt der »Banker« finanziell das Mahl eines Obdachlosen. Seine Anwesenheit trägt gleichzeitig zur Annäherung dieser unterschiedlichen Gesellschaftschichten bei. Es ist ein Schritt in Richtung soziale Integration, ein kleines psychologisches Extra mal ganz anders, ein Restaurant, wo jeder nur soviel zahlt, wie er kann!

Eine zukunftsweisende Gestaltungsmöglichkeit für ein Lokal des Typs Das Kleine Extra möchte ich noch vorstellen. Es weckt im Gast ein zusätzliches Kommunikationsbedürfnis und gibt ihm Gelegenheit, es zu befriedigen.
In den Electronic Cafés in San Franscisco kann man sein Bedürfnis nach Kommunikation entweder im Direktkontakt oder über die aufgestellten Computerterminals erfüllen. Für einen Vierteldollar klinkt man sich zehn Minuten in das Internet ein und kann mit mehr als zehn Millionen Benutzern über den Datenhighway in Verbindung treten. Die insgesamt zwanzig Electronic Cafés, unter anderem das *Horse Shoe*, das *Mudy Waters*, das *Café Abir* oder das *Simple Pleasure*, sind per SF Net (San Franscisco Network) seit 1991 so miteinander verbunden, daß die Gäste der einzelnen Cafés auch von Lokal zu Lokal kommunizieren können. Das überhöhte Kommunikationsbedürfnis kann dadurch auf mehreren Wegen, face to face oder multimedial, befriedigt werden. Per Mailbox hinterläßt man hier Nachrichten für Freunde oder holt sogar seine persönliche elektronische Post täglich ab, genauso wie früher, am Anfang dieses Jahrhunderts, die Literaten ihre Post in ihr Stamm-Kaffeehaus schicken ließen.

Eine ähnliche, jedoch nicht so weitläufige elektronische Vernetzung bietet das »Clubnetz« in Berlin. Insgesamt vier Clubs – *Der Friseur, Das WMF, Der Tresor* und *Der Boogaloo* – stehen miteinander über den Clubnetz Channel in Verbindung. Das Programm soll die Kommunikation zwischen den Besuchern der einzelnen Clubs fördern. Die Gäste können sich von Club zu Club miteinander unterhalten, sich Nachrichten hinterlassen, Treffen vereinbaren oder einfach nur Informationen über laufende Veranstaltungen einholen, ohne den Ort zu wechseln. Das kleine elektronische Extra erhöht das Kommunikations- und Informationsangebot und befriedigt zusätzliche kommunikative Bedürfnisse.

Die Plazierung der Computerterminals in das Umfeld des Cafés erscheint für manche vielleicht ungewöhnlich. Es liegt aber ganz in der Tradition der Kaffeehauskultur, neue Medien aufzugreifen, um sie der gesamten Bevölkerung zugänglich zu machen. Früher, als noch nicht jeder einen Fernseher zu Hause hatte, ging man schließlich ins Café fernsehen. Das vielfältige Zeitungs- und Zeitschriftenangebot vieler Kaffeehäuser geht auf die Zeit zurück, in der eine Zeitung für viele unerschwinglich war. Und heute, wo das Internet noch nicht jedem zugänglich ist, greifen die Lokale dieses Medium ganz selbstverständlich auf und erweitern wieder mal ihr Kommunikationsangebot. Das kleine elektronische Extra ist ganz im Sinne der Kaffeehauskultur.

Electronic Cafés erfüllen nur dann wirklich eine zusätzliche kommunikative Funktion, wenn es zu einer tatsächlichen Verschmelzung der Computer- und Gastronomiebereiche kommt. Die Benutzung der Terminals sollte somit immer mit kulinarischen Genüssen verbunden sein. Im *Café Stein* in Wien steht den Gästen seit kurzem eine Internet-Bar zur Verfügung. Die sechs Computer – im internationalen Vergleich ein bescheidenes Angebot – wurden hier perfekt in die Bar integriert: in die Theke eingelassen, mit einer Glasplatte darüber, auf der man seine Getränke abstellt. Es ist so ziemlich wie sich eine Zeitung an den Tisch holen, um diese gemütlich zu lesen. Im *El Café de Internet* in Spanien wurden die Terminals nicht in den Tisch eingelassen, jedoch die »Workstations« so plaziert, daß man bei der »Arbeit« essen und trinken kann. Durch die Veränderung des Umfelds, den Wechsel vom Büro ins Café, sollte sich eben auch der Umgang mit den Computern verändern.

»Fisch sucht Fahrrad!«

Mit solchen skurilen Namen locken einige Single- und Telefonpartys Alleinstehende – und auch viele andere. Bei diesen Veranstaltungen geht es im wahrsten Sinne des Wortes um Kommunikationszuwachs. Diese mehr oder weniger lustigen Abende, an denen der Diskothekenbesuch mit einer Partnervermittlung gekoppelt ist, laufen meist nach einem bestimmten Zeremoniell ab: man bekommt eine Nummer überreicht, schreibt eine Annonce, die wird an eine Wand gepinnt, und man liest die Anzeigen der anderen. Sobald man an einer Gefallen gefunden hat, recherchiert man, im geheimen, nach der korrespondierenden Person. Hat man sie herausgefunden und sollte nun weiterhin Interesse bestehen, beauftragt man einen Liebesboten, einen »postillon d'amour«, mit dem oder der Auserwählten in Verbindung zu treten. Wie das Spiel nun weitergeht, kennen wir alle aus der Zeit, als das Briefchenschreiben fixer Bestandteil des Schulunterrichts war. Bei Telefonpartys läuft die Kontaktaufnahme ähnlich ab, nur sitzen die Gäste hier an numerierten Tischen und wählen einfach selbst die Nummer des oder der Angebeteten.
Solche Lokale inszenieren den Aufriß und das Flirten in besonderer Weise. Das Spiel mit der Annäherung an das andere

Geschlecht wird zum Kleinen Extra für den Lokalbesuch. Auch hier hat das Aufriß-Spiel abfeiernde Wirkung und gibt dem Gast einen emotionalen Kick.

Giacomo Puccinis »La Bohème«, Jacques Bissets »Carmen« oder legendäre Neujahrskonzerte als die Kleinen Extras zu köstlichen japanischen Teppanyaki, französischen Crêpes oder amerikanischen Hamburgern? Während des »*Karajan Filmfestivals*« verwandelt sich der Wiener Rathausplatz zu einem beliebten kulinarischen und musikalischen Treffpunkt. Jeden Sommer bieten Dutzende bekannte Gastronomen an unterschiedlichen Theken die Spezialitäten ihres Hauses an, und eine riesige Leinwand, am Rathaus montiert, präsentiert bei Einbruch der Dunkelheit Aufzeichnungen der schönsten Opern und Konzerte, dirigiert vom großen Meister. Man geht dort hin, ißt oder trinkt das eine oder andere, trifft Freunde und Bekannte und lauscht abschließend ein wenig der Musik. Bevor man angeheitert diesen gastronomischen Ort verläßt, bekommt man zum Abfeiern noch ein kleines musikalisches Geschenk: etwa den berühmten Marsch »Auf in den Kampf Torrero«!

Die Lokale des Typs Das Kleine Extra steigern den Erlebniswert durch die Inszenierung des Abfeierns, sind gewissermaßen ein Applaus. Sie bieten ihren Gästen die Möglichkeit, ein kleines Spiel zu spielen, das Angenehme mit dem Nützlichen zu verbinden, ihre Restspannungen in einem überdimensionalen Fach-Merchandising-Shop abzukaufen, oder ein zusätzliches Kommunikationsangebot zu erleben.

Was kann man Gastronomen empfehlen?

- Kombinieren Sie unterschiedliche Branchen miteinander oder verwenden Sie Elemente aus anderen Erlebnisbereichen, wenn Sie ein Lokal des Typs Das Kleine Extra gestalten wollen.
- Achten Sie darauf, daß es immer zu einer Verschmelzung zwischen den beiden Branchen kommt.
- Integrieren Sie dafür das zusätzliche Angebot so in den gastronomischen Bereich, daß die Gäste das kulinarische Angebot und das kleine Extra gleichzeitig nützen können.
- Vergewissern Sie sich, daß das gastronomische Angebot immer präsent ist und im Vordergrund steht.
- Wenn Sie mehrere Branchen – Bekleidung, Friseur und Café – miteinander kombinieren, dann achten Sie auf den Synergie-Effekt und darauf, daß zum Beispiel das Café am Friseur angrenzt und die Funktion eines Wartezimmers übernimmt.
- Seien Sie mutig, es gibt noch viele ungewöhnliche kleine Extras!

	Entree
Ein kleines Spiel spielen	Platzsuche
Fach-Merchandising	Programmheft
Das Angenehme mit dem Nützlichen verbinden	Vorstellung
Kommunikationszuwachs	Runde
	Applaus
	Abgang

Themenlokale

»Entführt mich in ein anderes Leben. Aber holt mich zum Abendessen wieder zurück!« Das postulierte Faith Popcorn schon vor einigen Jahren in ihrem Popcorn Report als einen der zehn Trends für die Zukunft. THEMENLOKALE gehen da noch einen Schritt weiter, befriedigen das Bedürfnis nach Flucht und bieten das Abendessen gleich als Bestandteil des Abenteuers an. Sie entführen ihre Gäste an einen exotischen oder gefährlichen, einen vergangenen oder luxuriösen Ort, versetzen sie für kurze Zeit in fremde Situationen, daß sie für die Dauer ihres Aufenthalts den Alltag vergessen und verlassen können.

Ein Märchenwald im Herzen Barcelonas

gleich neben dem Museu de Cera, dem Wachsfiguren-Museum, lockt täglich Hunderte Jugendliche an. Diese Café-Bar mit dem bezeichnenden Namen *Bosc de les fades*, versetzt die Kids tatsächlich in die Welt der Märchen zurück und erlaubt

ihnen dadurch ein Verhalten, das ganz ihren pubertären Bedürfnissen entspricht. Auf einer halbdunklen Waldlichtung, inmitten verwunschener Bäume mit freundlichen Gesichtern, sitzen sie am Boden und veranstalten ein Picknick mit den Cola-Dosen aus den umliegenden »vending-machines«. Hin und wieder trifft man auch auf ein Pärchen, daß sich unter einen Baum zurückgezogen hat, um ungestört zu knutschen. Die anderen Räume erzählen weitere Geschichten. Die Bar ist umgeben von schummrigen Laternen und Sitzgelegenheiten in Form von Baumstrunken. Die Toiletten sind rustikal und in die Holztüren wurden Herzen eingeschnitzt. Das Wohnzimmer entstammt regelrecht einem Puppenhaus, in dem sich der Luster am Plafond dreht und die Mädels verspielt in einer Kinderwiege schaukeln können.
Im *Bosc de les fades* wird das Thema »Märchen« bis ins letzte konsequent umgesetzt, so daß die Kids die Inszenierung als eigene Umwelt akzeptieren und sich auch danach verhalten. Hier wird alles zur Vorstellung für sie.

Um tatsächlich in einer Themenwelt zu versinken, muß der Gast von der Inszenierung so umgeben sein, daß er zwischen Schein und Wirklichkeit nicht mehr unterscheiden kann. Die Vorstellung muß allgegenwärtig sein und sich über alle Elemente des Theaterscripts erstrecken; alles muß dem Thema entsprechend gestaltet sein. Christian Mikunda, der in seinem Buch das Themen-Phänomen ausführlich behandelt, erklärt die Verhaltensänderung so: »In diesem Extremfall mutiert das Thema zum generalisierten Bewußtseinshintergrund, zu dem, was uns normalerweise das Gefühl gibt, Bürger des industrialisierten, ausgehenden 20. Jahrhunderts zu sein« und das im Märchenwald die Jugendlichen zu verspielten Waldbesuchern macht und im Western Saloon *Gatlin Brothers Music City* in der Mall of America die Gäste dazu animiert, ohne Bedenken einen Cowboyhut aufzusetzen, Westernboots anzulegen und sich auf das Square Dance Parkett zu begeben.

Themenlokale bieten dem Gast das absolute Theatererlebnis: einen Ort, an dem die Vorstellung allgegenwärtig und zur tatsächlichen Umwelt wird. Es ist dadurch die ultimative Form der Scriptverdichtung Theater-Restaurant.
In jedem Themenlokal befindet sich die perfekte Kulisse, um die Gäste in das Thema im wahrsten Sinne des Wortes hineinzuversetzen. Gleichzeitig dehnt sich die Vorstellung über alle Stufen des Theaterscripts aus, wobei immer einige Ebenen stärker inszeniert sind als andere.

Eine Fassade, die abtaucht

Schon von weitem leuchtet die gelbe Nase des U-Boots im Sonnenlicht. Da schießen plötzlich enorme Wassermassen, 1200 Liter sind es pro Minute, die zehn Meter hohe Glaswand hinunter. Das U-Boot taucht, Wasser sprudelt und veröffentlicht so bereits an der Fassade von Steven Spielbergs Deep See Experience das Motto dieses Themen-Restaurants: *Dive!* Es ist ein Restaurant, das taucht, und die Fassade sagt es rundheraus. Spielbergs gehobenes Fast-Food-Restaurant ist ein Beispiel für jenen Typ des Themenlokals, dessen Inszenierung überdeutlich beim Entree ansetzt. Der »header« sagt, was los ist, und der Rest des Lokals muß diese Erwartung nur mehr einlösen (s. Foto S. 188). Und eingelöst wird die Erwartung mit Bravour: 1. Das Dekor des Restaurants erinnert an ein verspieltes modernes U-Boot. Bunte Stahlverstrebungen scheinen die gewölbte blecherne Decke zu stützen, an der lustige Fische kreisen, und große Entlüftungsrohre vermitteln einen technoiden Touch. Eine bunte Sonde, eine »bathyskaph«, hängt am Plafond, und auf der Kommandobrücke geben Meßgeräte den Tiefgang an. 64 Videomonitore in Form von Bullaugen und eine fünf Meter große Videowand übertragen ständig Unterwasseraufnahmen. Über drei einsatzbereite Periskope kann man zusätzlich das Geschehen draußen am Las Vegas Strip beobachten (s. Foto S. 189). 2. Alle fünfundvierzig Minuten ist es soweit: »Clear the deck! All hands below! Secure the hatches! Prepare to eat!« Die Luke wird geschlossen, der Tauchgang wird vorbereitet. Rundumleuchten versprühen rotes Licht, das Echolot piepst im Hintergrund, das Nebelhorn tutet, die Entlüftungsrohre rauchen und auf der Glasfassade kommen die Wassermassen in Bewegung. Die Monitore übertragen eine kurze lustige Spielfilmsequenz, in der alle Schauspieler »Dive!« rufen und irgendwo untertauchen. Alles ist für kurze Zeit in Bewegung und schließlich wird die Unterwasserreise mit den Bildern von Korallenriffen, bunten Fischschwärmen, Tauchern und sogar Meerjungfrauen fortgesetzt. Die »Dive! Sequence« ist eine Show, die sowohl optisch als auch akustisch das Thema vermittelt. 3. Auf dem Weg zur Toilette, die natürlich dem Thema entsprechend nur mit Notlicht beleuchtet ist, stößt man auf eine Überraschung: ein Spionage-Periskop, mit dem man ganz nah an die Tische und Gäste heranzoomen kann. Ein kleines voyeuristisches Extra! Alles begann damit, so sagt es die Legende, daß Steven Spielberg in ganz Los Angeles keine guten »subs«, das sind verschieden gefüllte Baguettes, finden konnte. Gemeinsam mit Jeffrey Katzenberg, dem ehemaligen Disney-Chef und genau-

Eine Fassade, die abtaucht:
Steven Spielbergs
»Dive!« in Las Vegas (oben)
Das Restaurant Dive!
befindet sich im Rumpf
eines comics-artigen
U-Boots (rechts)

so Liebhaber des »junk-foods«, beschloß er, sein eigenes Restaurant zu eröffnen. Ausgehend vom Essen, den »subs«, inszenierten sie mit ihren Film- und Comicserfahrungen ein passendes Ambiente: ein buntes »sub«-marine. In den Besitzern der erfolgreichen Levy Restaurants in Chicago fanden sie schließlich die idealen Gastronomen. »The food is the thing!«, sagte Steven Spielberg vor kurzem in einem Interview für das People Magazin, und das sollte sich, trotz Inszenierung, jeder Gastronom zu Herzen nehmen.

Eine Speisekarte mit Geschichte

Schon die mit Blumen und Efeu bewachsene Fassade des Lokals *Tucci Benucch* zieht die Blicke auf sich. Das Setting besteht aus einem romantischen italienischen Landhaus, in dem die Gäste in jedem Raum des Gebäudes Platz nehmen können. So sitzt man in einer mediterranen Küche an Holztischen mit Plastiktischtüchern neben Einmachgläsern und Strohkörben, in einem schummrig beleuchteten Wohnzimmer, in dem die Wäsche über dem Ofen zum Trocknen aufgehängt wurde, in einem rustikalen Geräteschuppen, im kühlen, überfüllten Weinlager oder im romantischen Patio mit Blick auf die »Straße«. Alle Wände sind liebevoll mit Fotos und Gemälden dekoriert, so daß man das Gefühl bekommt, im Haus einer italienischen Winzerfamilie zu speisen, und das in der Mall of America in Minneapolis, wo es im Winter minus 19 Grad Celsius hat. Erst der Blick auf die Speisekarte vermittelt uns die nötigen Hintergrundinformationen, um die Einzigartigkeit des Lokals zu verstehen. »Tucci« und »Benu« sind jene beiden italienischen Schwestern, die nach der Auswanderung ihrer

Familie beschlossen, das italienische Landhaus in Amerika neu aufzubauen. Leicht vergilbte Fotos von ihrer Mutter, die nur selten die Küche verließ, von ihrem Vater bei seinem ersten Picknick in den Staaten, vom alten Haus in ihrer Heimat und von dem Schiff, das sie nach Amerika brachte, sowie viele kleine Anmerkungen, die die Details ihrer Beziehung zueinander enthüllen, bezeugen die Geschichte (s. Foto. S. 193). Durch diese Hintergrundinformationen beginnt man sich nach und nach auch mit der Kulisse auseinanderzusetzen, betrachtet die aufgehängten Portraits und Fotos genauer und überlegt schließlich, ob die charmante Kellnerin nicht auch zur Familie gehört. Langsam versinkt man in die Welt von »Tucci« und »Benu«, man nimmt die Umwelt als real an.

Die Entwickler dieses einmaligen Konzepts, die Lettuce Entertain You Enterprises, hatten die fabelhafte Idee, das Programmheft als Geschichtenerzähler zu benützen, um dem Gast Details über diese fiktive Familie zu vermitteln und um ihm eine Erklärung für das Setting zu liefern. Leider wurden außer diesem italienischen Winzerhaus in der Mall of America noch weitere »Tucci Benucch«, in Chicago und Seattle, eröffnet. Das ist eine Tatsache, die einerseits die Einzigartigkeit der beiden erfundenen Schwestern unglaubwürdig erscheinen läßt und andererseits zeigt, welchen Einfluß das äußere Umfeld auf die Themenlokale selbst hat.

In der Mall befindet sich das *Tucci Benucch* wie ein richtiges Haus zu ebener Erde. In Chicago hingegen wurde es im fünften Stock eines Einkaufzentrums plaziert, was eine unmögliche Lage für ein Winzerhaus darstellt und gleichzeitig die Glaubwürdigkeit der Geschichte reduziert. Nicht jedes Themenlokal kann überall realisiert werden.

Etwas andere italienische Restaurants erwarten die Gäste des

Italian Village in Chicago. Dieser 1927 von richtigen Einwanderern erbaute Komplex zählt wohl zu den ersten Themenlokalen überhaupt. Jedes der drei Lokale bietet dem Gast eine andere Facette der italienischen Kultur: das *Vivere* spiegelt sowohl im Ambiente als auch im gastronomischen Angebot das luxuriöse dekadente Leben wider, *La Cantina* den Mittelstand und *The Village* schließlich das kitschige touristische Image des Landes. *The Village* versetzt den Besucher in eine abgedunkelte typisch italienische Straße, die nur durch glühende Girlanden und Straßenlaternen erleuchtet wird. Die Bar, ein runder römischer Brunnen, ist umgeben von einer durch Sterne beleuchteten Berglandschaft. Diese romantische Kulisse, die dazu passende italienische Hintergrundmusik und die adäquate südländische Bedienung genügen schon, um den Gast für einen Abend das Lebensgefühl Italiens zu vermitteln. Themenlokale müssen demnach nicht immer überinszeniert sein. Es genügt, das Thema durch kleine präzise Signale überall zu vergegenwärtigen.

Die »Facetten« Japans

»Where do you come from?« ertönt es plötzlich hinter uns, als wir in der Bar *Garden of the Dragon* an unserem Apéritif nippen. Wir drehen uns um, entdecken jedoch niemanden, der uns anspricht. »Welcome to *Benihana Village*!« Ja, natürlich: es sind die bedrohlich wirkenden Kabuki-Masken, die sich unter dem überdimensionalen Reispapierschirm miteinander unterhalten. Die Masken sind computergesteuerte Roboter, sogenannte Animatronics-Puppen, die sich hyperrealistisch bewegen und hin und wieder die Aufmerksamkeit auf sich

A rare moment when Mama was out of her Kitchen - Her eyes say so much about her life.

The old House was so beautiful before it was destroyed - Tucci always said she would re-create it one day!

Father on our first Picnic in America - He said he didn't like to "Dress up like a Dandy", but he doesn't look like he misses his old work clothes too much!

My job was to take Care of the Firewood we used in Cooking!

The old ship that brough us to America!

Antipasti

GRILLED BRUSCHETTA - FRESH MOZZARELLA, MARINATED TOMATOES & BASIL 3.95

BAKED CHEESE BREAD MADE WITH FOUR ITALIAN CHEESES 3.95

FRIED CALAMARI TENDER SQUID WITH SPICY MARINARA & CREAMY GARLIC SAUCES 5.95

BAKED CHEESE RAVIOLI WITH PESTO, ALFREDO & MARINARA SAUCES 4.95

ARTICHOKE & SPINACH FRITTERS WITH FOUR GREAT CHEESES 4.95

ROASTED PORTABELLA MUSHROOMS WITH WALNUTS & FIELD GREENS 4.95

GRILLED EGGPLANT & GOAT CHEESE WITH OVEN-DRIED TOMATOES, RED ONIONS, BASIL & ITALIAN DRESSING 4.50

TRY BENUCCH'S THIN CRUST PIZZAS AS A STARTER!

Plates for Kids UNDER 12 YRS.

INCLUDES BEVERAGE AND ICE CREAM WITH
CHEESE PIZZA ....
SPAGHETTI WITH MEATBALL ..
BUTTERED NOODLES .....
YOUR CHOICE 4.95

• A 16% GRATUITY WILL BE ADDED TO PARTIES OF 6 OR MORE

CONSIDER TUCCI BENUCCH FOR YOUR PARTIES
WE HAVE ACCOMMODATIONS FOR UP TO 80 PEOPLE - PLAN EARLY - CALL 312-266-2500 FOR INFORMATION.

3/95

Die Speisekarte gibt Hintergrund-informationen, Tucci Benucch in Minneapolis

lenken. Hier, in diesem japanischen Dorf im Las Vegas Hilton Hotel weist alles auf die asiatische Kultur hin. Die sanfte Hintergrundmusik, das Vogelgezwitscher und das Rauschen des Wassers vermitteln uns schon beim Betreten des Restaurants eine mythische Atmosphäre, die uns in eine faszinierende Themenwelt entführt. Die verschiedenen japanischen Kulissen des *Benihana Village* sind in einer riesigen schwarzen Halle wie auf einer Theaterbühne aufgebaut und professionell beleuchtet. Die Holzbrücken und das fließende Wasser des zentralen buntbeleuchteten Stein- und Wassergartens bilden das Bindeglied zwischen den verschiedenen Bereichen: der Bar *Garden of the Dragon*, der Terrasse des Seafood-Bereichs, dem kitschig-traditionellen Pavillon und dem *Japanese Steakhouse*. Jeder Bereich bietet ein anderes kulinarisches Angebot, eine eigene Speisekarte und ein individuelles asiatisches Ambiente. Die Platzwahl entscheidet, in welche Kulisse sich der Gast begibt und in welche Welt der japanischen Kultur er versinken wird. Der Seafood- und der traditionelle Bereich liegen direkt am Wasser. Hier bekommt man Einblick in die Kunst der asiatischen Gartengestaltung: während des Essens entdeckt man die liebevollen Details des Steingartens, die subtilen Lichtveränderungen und den aufkommenden Nebel über dem rauschenden Bach. Als zusätzliche Vorstellung unterbricht tatsächlich Regen und ein elektronisches Feuerwerk am Himmel die Speisefolgen. Das *Japanese Steakhouse* repräsentiert ein gediegenes zweistöckiges asiatisches Haus mit allen nur erdenklichen versteckten, bis in den letzten Winkel inszenierten Bereichen. Hier befinden sich auch die Sushi-Bar und die berühmten Teppanyaki-Grills, an denen die Köche ihre Künste vorführen. Alles an diesem Haus ist japanisch: die Stühle und Tische, die Garderoben und sogar der Aufzug, der langsam an der Fassade entlanggleitet, ist japanisch. Das Personal trägt natürlich kostbare Kimonos und vermittelt durch das ruhige andächtige Verhalten den Eindruck, in diesem Dorf zu leben.

Durch die verschiedenen Kulissen, die sprechenden Animatronics-Puppen und die Bühnenverwandlungen versinkt der Gast nach und nach in die Welt des *Benihana Village.* Es ist eine perfekte japanische Vorstellung auf allen Stufen des Theaterscripts. Letztendlich entscheidet hier die Platzsuche, welche Facette der asiatischen Kultur dem Gast präsentiert wird.

Ein allgegenwärtiges Thema

Es ist kaum möglich über Themenlokale zu schreiben, ohne den Namen von Walt Disney zu erwähnen. Fast alle Restaurants in den verschiedenen Disneylands oder in Disney-World unterliegen einem Thema und sind zusätzlich in ein thematisches Umfeld eingebettet.

Wer im Disneyland Paris die faszinierende Attraktion »Die Piraten der Karibik« miterlebt, kommt unweigerlich auf der Bootsfahrt durch die Welt der karibischen Seeräuber am Restaurant *Blue Lagoon* vorbei. Auf dieser romantischen Insel sitzen die Gäste an kerzenbeleuchteten Tischen direkt am Wasser, unter einem künstlichen Sternenhimmel, umgeben von flackernden Laternen und karibischen Palmen. Jeder Bereich der blauen Lagune, vom Entree bis zur Toilette, und alle Details, vom Geschirr bis zur Kleidung der Kellnerinnen, vermitteln dem Gast die romantische karibische Atmosphäre. Die Vorstellung erstreckt sich wahrhaftig auf alle Bereiche des Theaterscripts, sogar die Kinderspeisekarte besteht aus einem themenadäquaten Spiel. Als Teil der Piratenfahrt im Adventureland befindet sich das *Blue Lagoon* in einem geschlossenen System, in dem jedes Detail, auch außerhalb des Restaurants, auf das Thema Abenteuer verweist. Das Drehen einer Runde wird dem Gast die Allgegenwart des Themas bestätigen.

Der *Explorer Club* im Pleasure Island – der Entertainmentinsel in der Disney-World in Orlando, auf der täglich um Mitternacht Silvester gefeiert wird –, entführt seine Gäste in die Welt der britischen Abenteurer um die Jahrhundertwende. In diesem dreistöckigen englischen Club präsentieren Schauspieler als Forscher verkleidet und verschiedene Animatronics-Puppen ihre neuesten Entdeckungen. Diese Geschichtenerzähler berichten von ihren Forschungsreisen und erklären die Besonderheiten der ausgestellten Objekte. Die Gäste werden durch diese thematischen Berichte und Stationen immer tiefer in den britischen Club hineingezogen, bis sie sich schließlich in einer der größten Whiskey-Bars der Welt selbst als Entdecker fühlen und in den unzähligen Originalausgaben der bekanntesten Abenteuerromane stöbern.

Das gesamte Umfeld spiegelt in den Disneyrestaurants immer wieder das Thema wieder, man kann ihm nicht entkommen. Auf einer Runde durch das Lokal wird man nur themenadäquate Gegenstände entdecken, entsprechend gekleidetes Personal antreffen, bis man die Allgegenwart der Themenumwelt erkennt und selbst beginnt, sich themenadäquat zu verhalten.

Warum nicht auch die Gäste durch körperliche Aktivität und Körpergefühl in eine andere Welt entführen und dabei die Vorstellung nicht nur über »Kulissen«, sondern vor allem über den Applaus, das Abfeiern von Restspannungen verstärken?

Das Auf- und Abwippen vermittelt das Thema: Cleopatra's Barge in Las Vegas

Das Thema spüren

In *America's Original Sports Bar*, einer Diskothek in der Mall of America, kann man alle wichtigen Sportarten mitverfolgen oder miterleben. Vierunddreißig normale Fernsehgeräte und vier riesige Leinwände übertragen live alle wichtigen Sportevents, von Football und Baseball über Soccer-Matches und Tennis zu Pferderennen und anderen. Ein Boxring in der Mitte der Halle dient als Bühne für die Samstags stattfindenden Wrestling-Events oder als Tanzfläche zu später Stunde, wobei in diesem Fall, durch das thematische Umfeld bedingt, die rhythmischen Bewegungen der Landjugend von Minnesota eher einem Boxkampf ähneln. Ein Dutzend Billardtische, ein Basketballcourt, elektronisches Golf, Virtual Reality und vieles mehr animieren die Gäste, sich selbst sportlich zu betätigen und ihre Fähigkeiten im Zweikampf mit anderen zu messen. Durch die körperliche Aktivität können sie sozusagen das Thema Sport selbst spüren, sich danach verhalten und dabei gleich ihre Restspannungen abbauen. Die »Hall of Fame« mit Memorabilia wichtiger Sportveranstaltungen und berühmter Sportler und die Kellnerinnen im kurzen weißen Tennisdress vervollständigen das sportliche Umfeld auch visuell.

»Take a cruise once a year, or get over board every night!« ist der Slogan, mit dem *Cleopatra's Barge*, die ägyptische Diskothek im Caesars Palace Hotel in Las Vegas, ihre Gäste zu einer tanzenden Reise auf hoher See entführt (s. Fotos S. 197). Durch ständiges hydraulisches Auf- und Abwippen des gesamten Schiffs fühlen sich die Tanzwütigen auch physisch ins Geschehen involviert: sie müssen die Bewegungen der goldenen Barke durch Gegenbewegungen ausgleichen und spüren so das Thema unmittelbar am eigenen Körper. Die adäquate optische Gestaltung, die ägyptisch gekleideten Kellnerinnen und das eigene »Körpergefühl« lassen sie in die Themenumwelt versinken. Alle oben beschriebenen Themenlokale wurden künstlich inszeniert und in ein mehr oder minder passendes Umfeld plaziert. Es gibt jedoch einige wenige Lokale, die in einer natürlichen Umgebung entstanden sind, und die genauso ihre Gäste in eine andere Welt versetzen können.

Natürliche Themenlokale

Der Prototyp aller natürlichen Themenlokale ist das klassische Wiener Kaffeehaus. Diese oft kopierten Einrichtungen Wiener Gastlichkeit sind zu einer beliebten Institution geworden, die anscheinend nur in Wien den richtigen Charme entwickeln. Dabei scheint die Zusammenstellung der einzelnen Elemente, der einzelnen Props, so einfach. Der obligate Windfang, historische Räumlichkeiten, die berühmten Thonet-Stühle, die kleinen runden Marmortische, die kuscheligen Logen, die großen Spiegel an den Wänden, die das Lokal überschaubar machen, das ovale Silbertablett, auf dem die Melange mit einem Glas Wasser serviert wird, die vielen Zeitungen und Zeitschriften und schließlich der grantige Ober im schwarzen Frack vermitteln den Gästen das gemütliche Ambiente des Wien um 1900. All diese früher zufällig kombinierten »props« und »slots« sind heute selbstverständliche Bestandteile der Kaffeehaus-Kultur. Selbst Imitationen dieses Themenlokals, die alle Details berücksichtigen, vermitteln nicht die urtypische Wiener Atmosphäre. Es fehlt ihnen ein erseits ein grantiger Ober mit Persönlichkeit, der hin und wieder wienerisch spricht und sich von unzufriedenen Gästen nicht aus der Ruhe bringen läßt, und andererseits das richtige mentalitätsbedingte Verhalten der Gäste. In klassischen Wiener Kaffeehäusern gelten nämlich ganz besondere Regeln. In dem Moment, in dem man das Lokal betritt, verändert man sofort die eigene Geschwindigkeit und plötzlich wird alles ein bißchen ruhiger und langsamer. Man benützt das Café als »erweitertes Wohnzimmer«: über Stunden kann man hier Zeitung lesen und nur eine einzige Melange konsumieren – das Wasserglas wird dabei immer wieder aufgefüllt – oder einfach seine beruflichen und privaten Treffen in Ruhe abhalten. Erst durch die richtige Kombination der einzelnen Elemente und die Mentalität Wiens wird das Café zum Kaffeehaus und der Gast in ein historisches Ambiente entführt.

Ein weiteres dieser natürlich entstandenen Themenlokale ist der in Österreich beliebte Heurigen. Ursprünglich durften die Weinbauern den Heurigen, den jungen Wein nur während der Buschenschank verkaufen. Im Zuge dieser alkoholischen Verkostung wurden, um den Umsatz zu steigern, weitere Produkte des Bauernhofs angeboten, wie etwa Schmalz, Brot, Geselchtes und Speck. Die meisten Heurigen werden auch heute noch von Familien betrieben, die in ihrem Bauernhof selbstgemachte Produkte offerieren. Die Gäste sitzen auf Holzbänken an rustikalen, oft grüngestrichenen Holztischen entweder im Garten unter Weinreben oder in den alten Räumen des Hauses. Der Wein wird von Kellnerinnen im Dirndl serviert, das Essen wird am Buffet geholt, wo es von Mitgliedern der Familie frisch zubereitet wird. Diese bäuerliche Atmosphäre wird nach und nach durch viele kleine Details als authentische Themenumwelt registriert. Auch noch so feine Gäste passen ihr Verhalten dem rustikalen Umfeld an. Sie geben sich ungeniert der Trunkenheit hin, essen die belegten Brote mit den Fingern und singen lautstark gemeinsam mit dem Zieharmonika-Spieler alte Wienerlieder: Wien bleibt Wien!

Themenlokale, ob nun artifiziell inszeniert oder in einem natürlichen Umfeld entstanden, versetzen ihre Gäste immer in fremde Situationen, indem sie die Vorstellung über alle Stufen des Theaterscripts ausdehnen. Dabei wird das Thema durch gewisse Stufen des Brain Scripts besonders hervorgehoben, so daß der Gast Hinweise auf die »Echtheit« der Inszenierung erhält. Das Entree stimmt durch einen architektonischen »header« den Gast ein, das Programmheft kann Hintergrundgeschichten erzählen, die Vorstellung sollte stets in inszenierten Kulissen stattfinden und könnte durch Schauspieler und Animatronics-Puppen unterstützt werden. Die Platzsuche könnte verschiedene Facetten des Themas präsentieren, die Runde dessen Allgegenwart zeigen. Durch den Applaus kann schließlich das adäquate Körpergefühl vermittelt werden, damit der Gast ganz und gar in diese neue Umwelt versinkt und für kurze Zeit seinem Alltag verläßt und vergißt.

Was kann man Gastronomen empfehlen?

- Inszenieren Sie auf allen Stufen des Theaterscripts, wenn Sie ein Themenlokal gestalten wollen.
- Setzen Sie präzise Signale, die das Thema vergegenwärtigen, dadurch müssen Sie nicht überinszenieren.
- Achten Sie darauf, daß alle inszenierten Details dem jeweiligen Thema entsprechen, der Gast registriert jede Unstimmigkeit.
- Lassen Sie Ihre Gäste in eine andere Welt versinken, indem

Sie einzelne Elemente des Theaterscripts (s. u.) ganz besonders inszenieren.

- Achten Sie stets auf das Umfeld Ihres Lokals, damit das Thema auch glaubwürdig ist.
- Schulen Sie Ihr Personal, so daß es auch das Thema mitträgt und durch sein Verhalten vermittelt.

Epilog

Und das sprichwörtliche kleine Lokal ums Eck? Geht die Entwicklung zur Erlebnis-Gastronomie nicht an so manchem, der wenig Kapital für das große Erlebnis hat, vorbei? Aber ganz im Gegenteil: Die meisten der hier vorgestellten Konzepte sind ja in Wirklichkeit im Lokal ums Eck entstanden, entspringen dem ursprünglichen Feeling des erfahrenen Gastronomen, der es liebt, seinen Gästen etwas Besonderes zu bieten. Was anderes als eine Vorstellung ist der von vielen Studenten und Nachtschwärmern in Wien herbeigesehnte Augenblick, wenn im *Café Hawelka* die 80jährigen Besitzer nach 22 Uhr die berühmten Buchteln kredenzen, jenes köstliche Wiener Gericht aus Germteig mit Powidlfüllung (der Pflaumenkonfitüre)? Das *Café Hawelka* ist eine Institution, vergammelt, verraucht, resistent gegen jeden Versuch der Renovierung. Ihre in Wien berühmten Besitzer, das Ehepaar Hawelka, vermitteln das Gefühl, in diesem Café ihre Lebenserfüllung gefunden zu haben. Niemals käme es ihnen in den Sinn, daß das Ereignis der mitternächtlichen Buchteln ein inszenierter Event ist. Doch heute ist die Zeit gekommen, in der das liebevoll geführte Lokal des selbständigen Einzelgastronomen von jener Entwicklung in der Erlebnis-Gastronomie profitieren muß, sich der eigenen Ansätze der Inszenierung auch bewußt sein soll.

Für alle, die mit ihrer professionellen Arbeit die Evolution der Erlebnis-Gastronomie vorantreiben, müßten, wie ich meine, bestimmte Binsenweisheiten gelten, die auf der Hand liegen, die jedoch viel zu wenig bewußt sind. Nur ein Beispiel: Der Leser wird sicher erkannt haben, daß neben vielen professionellen Fotos auch einige wenige Schnappschüsse in dieses Buch integriert wurden. Da ist etwa jenes Foto aus dem »Network Café« in Barcelona (s. Foto S. 66), das die spezielle Kommunikationssituation zeigt, die dieses Lokal ausmacht: das Fernsehgerät, das unmittelbar neben dem Tisch aus der Wand herauswächst und in Augenhöhe jedes Tête-à-tête beeinflußt. Die meisten Fotografen bilden immer nur das leere Lokal ohne Gäste ab. Sie fotografieren sozusagen die reine Architektur und zeigen dabei nicht die wirkliche Bedeutung der Inszenierung, des Konzepts. Schade!

Für die Gastronomen, die Gäste, die Journalisten, die Architekten und die Fotografen, für alle, die das gastronomische Erlebnis genauso genießen wie ich, formuliere ich abschließend …

1. Ehrlichkeit!
Die Inszenierung sollte immer einem inneren Bedürfnis folgen.

So wie das *Café Hawelka* eigentlich durch das Leben seiner beiden Besitzer inszeniert wurde, sollte sich jeder Gastronom und jeder Architekt in seinem Lokal ein bißchen selbstverwirklichen. Es ist kein Wunder, daß gerade Philippe Starck, der von sich selbst behauptet, neugierig zu sein, vor allem Restaurants des Typs Schaulust gestaltet und Gourmet-Restaurants heutzutage dazu übergehen, die Küche zu veröffentlichen. Und auch Walt Disney meinte die Inszenierung seiner Themenparks und -lokale ehrlich: er wollte die Kinderseele im Erwachsenen ansprechen.

2. Ohne gutes Essen nützt keine Inszenierung!

Die Architektur war fantastisch, die Kellner sehr freundlich, die Aussicht faszinierend, aber das Essen und der Drink waren ungenießbar: das Lokal war deshalb leer oder nur mit Touristen gefüllt. Wenn man dem Gast nicht das bietet, wofür er in erster Linie gekommen ist, nämlich ein kulinarisches Erlebnis, dann nützt auch keine aufwendige Gestaltung.

3. Die Erlebniswelten mitleben.

In jedem Fall muß auch das Personal des Lokals die Erlebniswelt mittragen, sie unterstützen, sie mitleben und miterleben und vor allem mögen, mit dem Gast teilen, sich nicht gegen die Architektur verschwören, sondern sich mit ihr verbünden, mit einem Wort: ein Bestandteil des Spiels um das Erlebnis sein und nicht dessen Feind.

4. Inszenierung ist immer ein emotionales Geschenk!

Das ist die Antwort, die ich vor kurzem einer netten Journalistin auf die Frage gab, wie man eigentlich die Preise in der Szene-Gastronomie berechnet. Amerikanische Gastronomen wissen schon lange, daß sich die Inszenierung nicht auf die Preisgestaltung auswirken sollte: sie ist der Anreiz für den Lokalbesuch und deshalb ein Geschenk an den Gast. Auch der Chinese ums Eck, bei dem wir oft zu Abend essen, weiß um die Bedeutung kleiner Geschenke: und so gibt es für auserwählte Stammgäste nach dem Mahl statt des üblichen warmen Pflaumenweins ein Gläschen X.O. Cognac. Kleine Geschenke erhalten die Freundschaft!

5. Die eigenen Schätze bergen!

Jeder Gastronom sollte lernen, die Schätze des eigenen Lokals zu erkennen und das Potential der Architektur, seiner eigenen, ganz persönlichen Fähigkeiten und der seines Personals zu nützen. Noch vor einigen Monaten war die *Do&Co Bar*, die Sie auf Seite 117 sehen können, ein relativ uninteressanter Ort. Erst als die grandiose Aussicht durch inszenatorische Mittel betont wurde, entstand jener Magnet für die Wiener Gesellschaft, der das Lokal heute ist. Nie sollte außerdem vergessen werden, daß, wie in jedem Dienstleistungsgewerbe, der zwischenmenschliche Kontakt einer der Hauptanreize des Lokalbesuchs darstellt. Schulen Sie Ihr Personal also dementsprechend.

6. Im Kleinen muß die Inszenierung umso präziser sein!

Wer ein Schmuckkästchen sein eigen nennt, die Inszenierung des Lokals also auf wenigen Quadratmetern komprimieren muß, sollte sich bewußt sein, daß jeder auch noch so kleine Fehler im Detail im geschlossenen Mikrokosmos um so größere Auswirkungen hat. Das betrifft die Qualität des verwendeten Materials, das Licht, Events und Personal, Tische, Stühle, die Musik.

7. Das Umfeld ist wichtig!

Achten Sie auf die Kultur, in der Ihr Lokal plaziert ist: in Spanien gehen die Leute ganz anders aus als in New York und gar in Deutschland. Oder würden Sie meinen, daß Sie in Mainz eine Bar aufmachen sollten, die erst nach 2 Uhr nachts so richtig voll zu werden beginnt? In Barcelona ist das kein Problem. Und welche Szenen können Sie ansprechen? Wie wird das Lokal genutzt, welche Bedürfnisse erfüllt es? Ist es Jugendtreff, zweiter Arbeitsplatz wie die Wiener Kaffeehäuser, Anreiz für den Happen zwischendurch, wie die spanischen Tapa-Bars? Denken Sie nach.

8. Jedes Lokal braucht einen Wirt!

Hinter der Kette *Planet Hollywood* stehen Sylvester Stallone, Arnold Schwarzenegger und Bruce Willis, hinter den *Fashion Cafés* Claudia Schiffer, Naomi Campbell und Ellen McPherson, das *Kleine Café* in Wien wurde 1970 vom Schauspieler Hanno Pöschl erfunden und *Käfer's Bistro* gehört Gerd Käfer. Jedes Gasthaus und jede Kneipe auf dem Land hat einen Wirt hinter der Theke und jede große Fast-Food-Kette erfindet eine Identifikationsfigur für die Gäste: etwa Ronald

McDonald für *McDonald's*. Geben Sie also ihren Gästen eine Bezugsperson und erzählen Sie ihnen die Entstehungsgeschichte Ihres Lokals.

9. Die soziale Aufgabe ist auch ein Erlebnis!

Gewisse Dinge sollten erhalten bleiben, Funktionen erfüllen, für die Öffentlichkeit, für bestimmte Zielgruppen. Das ist nicht nur eine Verpflichtung, das mag manches Mal auch Sponsoren bringen, Unterstützung des Fremdenverkehrs, von Kommunen und Regionen. Immer schon erfüllte die *Gräfin am Naschmarkt* in Wien die Funktion, dem Nachtschwärmer einen Ort für das frühe Frühstück nach durchzechter Nacht zur Verfügung zu stellen. Lange Öffnungszeiten, billige Menüs, Spezialessen, Sicherheit in unsicherer Gegend, das alles sind psychologische Extras, die eine Funktion zum Erlebnis machen.

10. Wer das dramaturgische Konzept erkennt, der hat es leichter!

Fotografen können dadurch das wirkliche Leben im Lokal ablichten, Architekten und Gastronomen eine gemeinsame Gesprächsbasis finden und dadurch Fehler schon im Vorfeld vermeiden, die Gäste wissen, warum sie sich in manchen Lokalen wohlfühlen und andere Orte meiden. Und die Restaurantkritiker, schließlich, könnten endlich nicht nur über das kulinarische Angebot berichten, sondern auch das Konzept in Betracht ziehen. Dieses Buch und die Arbeit der CommEnt Consulting Group sollen dazu beitragen.

Adressenliste der Lokale

Öffnungszeiten ohne Gewähr, teilweise saisonbedingte Änderungen!
Die in Klammern hinter dem Lokal angegebenen Zahlen verweisen auf spezielle Erwähnung im Buch.

Bangkok

TAM NAK THAI *(57)*
131 Ratdchadaphisek Road. Tel. +66-2-276 18 10
tägl. 11.00-23.00 Uhr

Barcelona

BOLICHE BAR *(172)*
Architekt: Jordi Gali
Avenida Diagonal 510

BOSC DE LES FADES *(184, 185)*
La Rambla de Santa Monica 4-6. Tel, +34-3-317 26 49
tägl. 9.00-22.00 Uhr

DIVE!
Besitzer: Steven Spielberg, Jeffrey Katzenberg
Maremagnum Loc. 006 y 10, Moll d'Espanya
Tel. +34-3-225 8158, tägl. 13.00-1.00 Uhr

EL CAFÉ DE INTERNET *(181)*
Gran Via de les Corts Catalanes 656
Tel. +343412 19 15 oder 302 11 54
Café: Mo.-Sa.: 7.00-24.00 Uhr, Internet: 10.00-24.00 Uhr

EL MERCADILLO *(176, **177**)*
Portaferrissa 17

EL TRAGALUZ *(15, 53, 55, 108, **109,** 110, 111)*
Architekt: Pepe Cortes, Grafik: Javier Mariscal
Tragabar, Tragarapid, Tragalux: Pasaje de la Concepción 5
Tel. +34-3-487 01 96, +34-3-225 81 58, tägl. 13.00-1.00 Uhr

FASHION CAFÉ
Passeig de Gracia 56

GAMBRINUS *(33, **35**)*
Designer: Javier Mariscal, Architekt: Alfredo Arribas
Moll de la Fusta (Passeig Colom), Tel. +34-3-221 96 07
tägl. 11.00-1.00 Uhr

GRAN VELVET *(15, 167)*
Architekten: Alfredo Arribas, Miguel Morte
Poligon de Montigala, Badalona
Tel. +34-3-465 62 40
Ende der Woche 17.00-5.00, So. 17.00-23.00 Uhr

LAIE *(**173,** 175)*
Pau Claris 85, Tel. +34-3-302 73 10, Mo.-Sa. 9.00-2.00 Uhr

LOS CARACOLES *(129, 130)*
Carrer Escudillers 14, Tel. +34-3-302 31 85, tägl. 13.00-23.00 Uhr

M A R E M A G N U M

Moll d'Espanya del Port Vell

N E T W O R K C A F É *(64,* ***66,*** *74)*

Architekten: Alfredo Arribas, Eduardo Samsó

616 Avenida Diagonal, Tel. +34-3-201 72 38

tägl. 13.00-16.00 u. 20.00-1.00 Uhr, Fr. u. Sa. bis 2.00 Uhr

N I C K H A V A N N A *(112,* ***113,*** *114)*

Architekt: Eduardo Samsó

Calle Rossello 208, Tel.+34-3-215 65 91, tägl. 23.00-4.00 Uhr

O T T O Z U T Z

Carrer Lincoln 15, Tel. +34-3-238 07 22, tägl. 23.00-4.30 Uhr

P A N S & C O M P A N Y *(123)*

im Virgin Megastore Barcelona

Plaza de la Catalunya

P L A N E T H O L L Y W O O D

Marina 19-21, Tel. +34-3-221 11 11, tägl. 13.00-1.00 Uhr

Q U A S I Q U E V I U R E S *(132)*

Passeig de Gracia 24, Tel. +34-3-317 45 12

S E L T Z *(15, 136,* ***137****)*

Rosselló 154, Tel. +34-3-453 60 99, tägl. 12.00-2.00 Uhr

T A P A T A P A *(132)*

Passeig de Gracia 44, Tel. +34-3-488 33 69, tägl. 8.00-1.30 Uhr

T A R D A R O C K *(149)*

Marina 16-18, Annex Torre Mapfre, Port Olimpic, Tel. +34-3-221 39 93

T I C K T A C K T O E *(62 , 78, 172,* ***173,*** *174)*

Roger de Llúria 40, Tel. +34-3-318 99 47/+34-3-302 65 20

Mo.-Sa. 13.30-16.00 Uhr und 21.00-1.00 Uhr

TORRES DE AVILA *(15, 62, 157,* ***158, 159,****160,* ***161****)*
Architekt: Alfredo Arribas, Designer: Javier Mariscal
Marqués de Comillas, im Poble Espanol
Tel. +34-3-4249309
Mo.-So. 22.00-3.00 Uhr, Fr. u. Sa. -4.00 Uhr

VELVET *(83,* ***93,*** *94, 96,* ***97****)*
Architekt: Alfredo Arribas
Carrer Balmes 161, Tel. +34-3-217 67 14
tägl. 19.30-5.00 Uhr, Fr. u. Sa. -6.30 Uhr

YABBA DABBA CLUB *(104, 106)*
Designerin: Pilar Libano
Avenir 63, Mo.-Do. 22.30-2.30 Uhr, Fr. u. Sa. -3.00 Uhr

ZSA ZSA *(65)*
Architekt: Daniel Freixes, Vincente Miranda
Rosselló 156, tägl. 20.00-3.00 Uhr

Brüssel

COMME CHEZ SOI *(134)*
20 Place Rouppe, Tel. +32-2-51 29 21

Chicago

THE ECCENTRIC *(150, 151)*
Konzept: Lettuce Entertain You
159 W. Erie Street, Tel. +1-312-787 83 90

THE FUDGERY *(135)*
North Pier, Level 1

HARD ROCK CAFÉ
63 W. Ontario Street, Tel. +1-312-943 22 52

HOOTERS
660 N. Wells Street, Tel. +1-312-944 88 00

ITALIAN VILLAGE *(192)*
(THE VILLAGE, LA CANTINA; VIVERE)
71 W. Monroe Street, Tel. +1-312-332 70 05

MICHAEL JORDAN'S RESTAURANT *(37, 49,* ***63,*** *64, 82)*
500 North. LaSalle Street

PLANET HOLLYWOOD *(36, 148)*
Konzept: Keith Barish, Robert Earl
Beteiligung: Arnold Schwarzenegger, Sylvester Stallone,
Bruce Willis, Demi Moore
633 N. Wells Street, Tel. +1-312-266 78 27

SCOOZI!
Konzept: Lettuce Entertain You
410 West. Huron Street, Tel. +1-312-943 59 00

THE SIGNATURE ROOM *(116, 118, 119,* ***120****)*
John Hancock Center
875 N. Michigan Avenue, 96th Floor, Tel. 312 787 95 96

TONY N'TINA'S WEDDING *(60)*
Piper's Alley, 230 W. North Avenue
Box Office, Tel. +1-664-88 44

TUCCI BENUCCH *(190, 191)*
Konzept: Lettuce Entertain You
900 North Michigan Avenue, 5th Floor

Frankfurt

BREAKPOINT *(52, 57, 69, 78)*
Trümperstraße 12, Frankfurt Rödelheim
Tel. +49-69-7 89 48 25

KÄFER'S BISTRO *(82, 207)*
am Frankfurter Flughafen

LORE *(178)*
»Lobby Restaurant«: Rödelheimer Straße 34, Am Schönhof
Mo.-Fr. 11.00-14.00, Lobby für Wohnsitzlose, Tel. +49-69-7 41 13 63

Hongkong

FÉLIX *(165, 166)*
Architekt: Philippe Starck
The Peninsula, Salisbury Road, Kowloon, Tel. +852-23 66 62 51

PLANET HOLLYWOOD
Konzept: Keith Barish, Robert Earl
Beteiligung: Arnold Schwarzenegger, Sylvester Stallone,
Bruce Willis, Demi Moore
3, Canton Road, Tsim Sha Tsui, Kowloon
Tel. +852-2377 7888, Fax: +852-23 77 12 21

Las Vegas

THE BATTLE BAR *(**121**, 122)*
Treasur Island Hotel

BENIHANA VILLAGE *(68, 192, 194, 195)*
Hotel Las Vegas Hilton

BERTOLINO'S
The Forum Shops at Caesars Palace

BOOGIES DINER *(**177**)*
The Forum Shops at Caesars Palace

CLEOPATRA'S BARGE *(**197**, 198)*
Caesars Palace

DIVE! *(49, 186, **188**)*
Besitzer: Steven Spielberg, Jeffrey Katzenberg, The Levy Brothers
On the Strip, 3200 Las Vegas Boulevard, South Las Vegas
Tel. +1-702-369 34 83, So.-Do. 1.00-24.00 Uhr, Fr. u. Sa. 11.00-1.00 Uhr

HARD ROCK CAFÉ *(14, **35**)*
4475 Paradise Road Las Vegas, Tel. +1-702-733 84 00

HARD ROCK HOTEL *(143)*
4455 Paradise Road Las Vegas
Tel. +1-702-693 50 00

HORSE-AROUND- BAR *(125)*
Circus Circus Hotel

KOKOMO'S, LAGOON SALOON *(78)*
Lobby des Hotel The Mirage

PAPYRUS
Luxor Hotel

PINK'E'S *(62)*
Flamingo Road

PLANET HOLLYWOOD *(143, 147, 148)*
Konzept: Keith Barish, Robert Earl
Beteiligung: Arnold Schwarzenegger, Sylvester Stallone,
Bruce Willis, Demi Moore
The Forum Shops at Caesars Palace

POMP, DUCK AND CIRCUMSTANCE *(50, 56, 57)*
Konzept: Hans-Peter Wodarz
derzeit auf Reisen in New York und bei der Olympiade in Altlanta
das MGM Hotel baut für sie ein fixes Haus für 10 Jahre

SPAGO
Besitzer: Wolfgang Puck
The Forum Shops at Caesars Palace

London

HARD ROCK CAFÉ *(**144**)*
150 Old Park Lane

Madrid

TEATRIZ *(**2,** 14, 28, 29, 38, 40, 52, 62, 162, 164, **165**)*
Architekt: Philippe Starck
Calle Hermosilla 15, Tel. +34-1-5775379
tägl. von 21.00-3.00 Uhr, Sa. -4.00 Uhr

Mall of America, Minneapolis

AMERICA'S ORIGINAL SPORTS BAR *(198)*
Level 4

BOOGIES DINER
Level 3

FAT TUESDAY *(122, 123)*
Level 4

GATLIN BROTHERS MUSIC CITY *(186)*
Level 4

HOOTERS
Level 4

PLANET HOLLYWOOD *(**67, 147**)*
Konzept: Keith Barish, Robert Earl
Beteiligung: Arnold Schwarzenegger, Sylvester Stallone, Bruce Willis, Demi Moore
Level 4

TUCCI BENUCCH *(191, **193**)*
Konzept: Lettuce Entertain You
Level 1

Monte Carlo

CAFÉ DE PARIS *(13, 14, 99)*
le coeur de Monte-Carlo (vor dem Casino)
Tel. +37-7-92 16 20 20

New York

FASHION CAFÉ *(98)*
Claudia Schiffer, Naomi Campbell, Ellen McPherson
51 Rockefeller Plaza, Tel. +1-212-765 31 31

HARD ROCK CAFÉ
221 West 57th. Street, Tel. +1-212-459 93 20

HARLEY DAVIDSON CAFÉ *(141)*
1370 Avenue of Americas, Tel. +1-212-245 60 00

JACKIE 60'S *(68, 104)*
432 West 14th Street, Tel. +1-212-366 56 80, nur Di. ab 23.00 Uhr

LIMELIGHT *(111, 114)*
47 West 20th Street, Tel. +1-212-807 78 50

PLANET HOLLYWOOD *(148)*
Konzept: Keith Barish, Robert Earl
Beteiligung: Arnold Schwarzenegger, Sylvester Stallone,
Bruce Willis, Demi Moore
140 West 57th, Tel. +1-212-333 78 27, Reservierung nicht möglich

PARAMOUNT HOTEL
Architekt: Philippe Starck
235 West 46th Street, Tel. +1-212-764 55 00

THE ROYALTON HOTEL *(91, **92**, 94)*
Architekt: Philippe Starck
44 West 44th Street, Tel. +1-212-869 44 00
USA: 128 West 47th Street, at Broadway, Tel. +1-212-869 61 03

TEN *(104)*
10th Street

TWINS *(57)*
89th St. 2nd Avenue, Tel. +1-212-987-11 11

THE VIEW *(124)*
in New York Marriott Marquis Hotel
1535 Broadway, Tel. +1-212-398 19 00

WEBSTER HALL *(104)*
125 East 11th St., Tel. +1-212-353 16 00

WINDOWS ON THE WORLD *(119, **120**)*
One World Trade Center, 107 Stock
Tel. +1-212-938 11 11

WORLD YACHT DINING CRUISES *(116, 125, 126)*
World Yacht Marina
Pier 62, West 23rd Street, am Hudson River, Tel. +1-212-929 70 90

Paris

BLUE LAGOON *(49, 195, 196)*
Adventureland im Euro-Disney

CAFÉ COSTES *(42)*
Architekt: Philippe Starck. Rue Beaubourg, geschlossen

CAFÉ MARLY *(123)*
Eingang vor dem Louvre auf der Richelieu-Seite, tägl. 8.00-2.00 Uhr

CITÉS CINÉS
Ausstellung in La Défense

CARROUSEL DU LOUVRE *(74, 124)*
Food Court, Unterirdisch, 99, rue de Rivoli, tägl. 8.30-23.00 Uhr

HARD ROCK CAFÉ
14, Boulevard Montmartre, Tel. +33-1-4246 100 00, Fax +33-1-42 46 49 70

Reggio Emilia, Italien

EPSYLON DISCOTECA *(103, **105**)*
Piazza Cavour

Rotterdam

BREAKAWAY *(65)*
Karel Doormanstraat 1, Tel. +31-10-233 09 22
tägl. 12.00-22.00 Uhr

BENI-KEI
Kruiskade

San Francisco

CAFÉ ABIR
1300 Fulton Street, Tel. +1-415-567 76 54

BRAIN WASH CAFÉ *(178)*
1122 Folsom Street

HORSE SHOE *(179)*
566 Haight Street, Tel. +1-415-626 88 52

MUDDY WATERS *(179)*
260 Church Street, Tel. +1-415-621 22 33

SIMPLE PLEASURE *(179)*
3434 Balboa, Tel. +1-415-387 40 22

Tokio

RISTORANTE MANIN *(**81,** 83, 90, 94)*
2-22-12 JINGUMAE SHIBUYA-KU TOKYO
Tel. +81-3-3478-3778, Fax +81-3-3401-5873, Reservation: 0120-11-3778
18.00-22.00 Uhr, Sonntag geschlossen

Wien

AKH
Alserstraße 8, nur im Sommer

DINNER IM DUNKELN *(17)*
Ausstellung im Messepalast, Mai 1995

DO&CO IM HAAS-HAUS *(51,116, **117,** 206)*
1, Stephansplatz 12, Tel. +43-1-5353 96 90

DO&CO FLUG *(51)*
Lauda-Air Flüge

FIGLMÜLLER *(58)*
1, Wollzeile 5, Tel. +43-1-512 61 77

FLIEGER & FLIEGER *(57, 69)*

Betreiber: WIGAST
Münchendorfer Straße 7, 2361 Laxenburg
Tel. +43-22 36-713 34, Fax +43-22 36-71 33 44

FRANK'S *(131)*

1, Laurenzerberg 2, Tel +43-1-535 32 41

FREIHAUS

4, Schleifmühlgasse/Margaretenstraße, Tel. +43-1-587 16 65

GASOMETER CLUBBING *(33, 111, 114)*

11, Guglgasse 12, nur im Sommer

CAFÉ HAWELKA *(203, 205)*

1, Dorotheergasse 6, Tel. +43-1-512 82 30
Mo.-Sa. 8.00-2.00 Uhr, So. 16.00-2.00 Uhr, Di. Ruhetag

KARAJAN FILMFESTIVAL *(182)*

1, Rathausplatz

KIANG *(24)*

1, Rotgasse 8, Tel. +43-1-533 08 56

CAFÉ-RESTAURANT IM KUNSTHAUS *(52)*

3, Weißgerber Lände 14, Tel. +43-1-712 04 97

LIFE BALL

Rathaus, ein Mal pro Jahr

LUSTIG ESSEN *(23)*

1, Salvatorgasse 6, Tel. +43-1-533 30 37 und
15, Hütteldorferstraße 4, Tel. +43-1-982 51 63

CAFÉ MUSEUM *(36)*

1, Friedrichstraße 6, Tel. +43-1-586 52 02

PETER'S CAFÉ HARTAUER *(149)*
1, Riemergasse 9, Tel. +43-1-512 89 81
Mo.-Fr. 8.00-2.00 Uhr, Sa. 17.00-2.00 Uhr

CAFÉ STEIN *(180)*
9, Währingerstraße 6-8, Tel. +43-1-319 72 41, Fax +43-1-319 24 12
e-mail: c.stein@magnet.at., Mo.-Sa. 7.00-1.00 Uhr, So. 9.00-1.00 Uhr
Internet: 10.00-23.00 Uhr

SUBWAY
1, Dr. Karl Lueger-Ring 10, Tel. +43-1-535 44 36

TENMAYA *(46, 107, 108)*
1, Krugerstraße 3, Tel. +43-1-512 73 97

XXX CLUBBING *(68, 104)*
verschiedene Orte in Wien

Zürich

BACK & BRAU *(130)*
Steinfels, Heinrichstraße 267, Tel. +41-1-271 10 30
tägl. 11.30-24.00 Uhr, Sa. u. So. ab 10.00 Uhr

MOVIE *(34, 37, 41, 46, 49, 56, 59, 61, 78)*
Bahnhofquai 7, Tel. +41-1-211 66 77, Fax +41-1-212 34 00

SPAGHETTI FACTORY *(56)*
»Rosenhof«, Niederdorfstraße 5, Tel. +41-1-251 94 00

DIE SUSHI-LINE *(116, 125, 126)*
Bellevue, Central, Hauptbahnhof, Paradeplatz, Tel. 077-63 35 05
vom 2. Mai bis 30. September 1994
So.-Fr. 11.30-14.00 Uhr, 18.00-22.30 Uhr, Sa 16.00-23.00 Uhr

Abbildungsverzeichnis

Seite 121: Battle Bar, Las Vegas, © Denise Schulz
Seite 137: Seltz, Barcelona, © Denise Schulz
Seite 144: Guide Hard Rock Café, London, © Hard Rock Café
Seite 147: Planet Hollywood, Las Vegas u. Minneapolis, © Denise Schulz
Seite 158, 159, 161: Torres de Avila, Barcelona, © Rafael Vargas, Barcelona
Seite 165: Teatriz, Madrid, © Jordi Sarra Arau, Barcelona
Seite 173: Café Laie, Barcelona, © Denise Schulz
Seite 173: Ticktacktoe, Barcelona, © Denise Schulz
Seite 177: El Mercadillo, Barcelona, © Denise Schulz
Seite 177: Boogies Diner, Las Vegas, © Denise Schulz
Seite 188: Fassade Dive!, Las Vegas, © Denise Schulz
Seite 189: Dive!, Las Vegas, © Dive!, Las Vegas
Seite 193: Speisekarte von Tucci Benucch, Minneapolis © Lettuce Entertain You Enterprises, Chicago
Seite 197: Cleopatra's Barge, Las Vegas, © Denise Schulz

Literaturverzeichnis

Arribas, Alfredo: Architecture and Design. Tübingen: Wasmuth Verlag 1993.

Anderson, John R.: Kognitive Psychologie. Eine Einführung. Heidelberg: Spektrum der Wissenschaft, 2. Aufl. 1989.

Bacik Krista, Stachel Edda: Manuskript zum Referat »Dramaturgische Analyse des Tenmaya« in der Vorlesung Medien und Werbung II. Institut für Psychologie, Wien 1993.

Back & Brau: Wir möchten Ihnen Appetit machen. Back & Brau Flyer, Steinfels 1993.

Barcelona: Stadt und Architektur. Köln: Taschen 1992.

Berne, Eric: Spiele der Erwachsenen. Psychologie der menschlichen Beziehungen. Reinbek bei Hamburg: Rowohlt 1970.

Brauneck, Manfred: Die Welt als Bühne. Geschichte des europäischen Theaters. Stuttgart: Weimar: Metzler 1993, Bd 1.

Cerver, Francisco: Commercial Space. Bars, Hotels and Restaurants. Mies: Rotovision S.A.

Crichton, Michael: Im Kreis der Welt. Reinbek: Rowohlt 1991.

Downs, Roger M.: Stea David: Kognitive Karten. Die Welt in unseren Köpfen. New York: Harper & Row 1982.

Ferraris, Giovanna: Raumwahrnehmung anhand von Lokalen und Motivation zum Lokalbesuch. Diplomarbeit. Wien 1992.

Fischer, Gustave Nicolas: Psychologie des Arbeitsraumes. Frankfurt/Main, New York: Campus 1990.

Forgas, Joseph P.: Soziale Interaktion und Kommunikation. Eine Einführung in die Sozialpsychologie. Weinheim: Psychologie-Verlags-Union 1994.

Geisler, Eduard: Psychologie für Architekten. Eine Einführung in die Sozialpsychologie. Weinheim: Psychologie-Verlags-Union 1994.

Goffman, Erving: Wir alle spielen Theater. Die Selbstdarstellung im Alltag. München: Piper & Co. Verlag 1969.

Goffman, Erving: Interaktionsrituale. Über Verhalten in direkter Kommunikation. Frankfurt am Main: Suhrkamp 1991.

Heise, Ulla: Kaffee und Kaffeehaus. Eine Kulturgeschichte. Hildesheim, Zürich, New York: Olms Presse 1987.

Herkner, Werner: Sozialpsychologie. Bern, Stuttgart, Toronto: Hube 1991.

Hoffmann, Hilmar: Kultur für alle. Perspektiven und Modelle. Frankfurt am Main: Fischer 1979.

Horvath, Michael; Panzer, Fritz: Erweiterte Wohnzimmer. Leben im Wiener Kaffeehaus. Wien: Buchkultur 1990.

Horx, Matthias: Trendbuch. Der erste große deutsche Trendreport. Düsseldorf: Econ 1993.

Huber, Andreas: Das Leben als Thriller: Nervenkitzel oder Glückssache? In: Psychologie Heute, Jg. 21, Heft 6. Weinheim: Beltz 1994.

Jagerhofer, Hannes: Event Marketing. 10 Schritte zum Erfolg. Perchtoldsdorf: Manstein, 1995.

Julier, Guy: Spanien. Das neue Design. Schaffhausen: Edition Stemmle 1991.

Kindermann, Heinz: Das Theaterpublikum der Antike. Salzburg: Otto Müller Verlag 1979.

Kruse, Lenelis; Graumann, Carl-Friedrich; Lantermann, Ernst-Dieter (Hg.): Ökologische Psychologie. Ein Handbuch in Schlüsselbegriffen. München: Psychologie-Verlags-Union 1990.

Laermann, Klaus: Kommunikation an der Theke. Über einige Interaktionsformen in Kneipen und Bars. In: Hammerich, Kurt; Klein Michael (1978). Materialien zur Soziologie des Alltags. Sonderheft 20. Opladen: Westdeutscher Verlag 1978, S. 420-430.

Leggewie, Heiner; Ehlers, Wolfram: Knaurs moderne Psychologie. München: Knaur 1994.

Mariscal. Design. Köln: Taschen 1992.

Martinek, Thomas: Kaffeehäuser in Wien. Ein Führer durch die Wiener Kaffeehäuser. Wien: Falter 1992.

Mehrabian, Albert: Räume des Alltags. Wie die Umwelt unser Verhalten bestimmt. Frankfurt/Main, New York: Campus 1987.

Mikunda, Christian: Der verbotene Ort oder die inszenierte Verführung. Unwiderstehliches Marketing durch strategische Dramaturgie. Düsseldorf: Econ 1996.

Neisser, Ulric: Kognitive Psychologie. Stuttgart: Klett 1974.

Neisser, Ulric: Kognition und Wirklichkeit. Prinzipien und Implikationen der kognitiven Psychologie. Stuttgart: Klett-Cotta 1979.

Opaschowski, Horst: Wir schaffen Glückseligkeit. In: Psychologie Heute, 21. Jahrgang, Heft 9, Weinheim: Beltz, 1994.

Paris. Die schönsten Restaurants. Köln: DuMont, 1994.

Pausch, Rolf: Diskotheken. Kommunikationsstrukturen als Widerspiegelung gesellschaftlicher Verhältnisse. In Segmente der Unterhaltungsindustrie. Frankfurt am Main: Suhrkamp, 1974.

Popcorn, Faith: Der Popcorn-Report. Trends für die Zukunft. München: Heyne 1992.

Schank, R.C. & Abelson, R.: Scripts, Plans, Goals and Understanding. Hillsdale, NJ: Erlbaum 1977.

Schulze, Gerhard: Die Erlebnisgesellschaft. Kultursoziologie der Gegenwart. Frankfurt/Main, New York, Campus 1993.

Siebeck, Wolfram: Die schönsten Bistros von Paris. München: Heyne 1993.

Shakespeare, William: Wie es euch gefällt. Stuttgart: Reclam 1964.

Starck. Köln: Taschen 1991.

Waldmann, Michael R.: Schema und Gedächtnis. Das Zusammenwirken von Raum- und Ereignisschemata beim Gedächtnis für Alltagssituationen. Heidelberg: Roland Asanger 1990.

Watzlawick, Paul: Menschliche Kommunikation. Formen, Störungen, Paradoxien. Bern; Stuttgart; Toronto: Huber 1990.

Wenz-Gahler, Ingrid: Café Bar Bistro. Design und Gastlichkeit. Leinfelden-Echterdingen: Alexander Koch 1993.

Danksagungen

Zuallererst möchte ich von ganzem Herzen einem engen Freund danken, der von Anfang an dabei war, einem unermüdlichen Reisegefährten, der auf den vielen nächtlichen Touren gute Kondition bewies, einem treuen Verbündeten, der mir stets Mut machte, einem strengen Kritiker, der jede Zeile dieses Buches als erster beurteilte und meinem wichtigsten Gesprächspartner, der immer wieder zündende Funken versprühte: Dr. Christian Mikunda, der neben seiner eigenen Arbeit auch noch Zeit fand, mich zu unterstützen.

In schwierigen Zeiten standen sie mir immer mit Rat und Tat zur Seite: Edith, Reinhard und Dieter Schulz, Margaretha Niglas und Helene Haas. Ich könnte mir keine bessere Familie wünschen. Danke für alles!

Mein Dank gilt weiters Dr. Brigitta Lorenzoni, selbst Buchautorin und immer zu aufmunternden Gesprächen bereit, Christoph Stieg für das Managen der Außenkontakte, Wolfgang Bernhard für einen Artikel, der mir Mut machte, und Prof. Dr. Peter Vitouch, der dieses Buch nebenbei in einen akademischen Grad verwandelte.

Schließlich bedanke ich mich bei all meinen Freunden, die stets an mich glaubten, und allen Fotografen, Gastronomen und Architekten, die mir ihr Vertrauen und ihre Unterstützung entgegenbrachten. Herzlichen Dank!

Die CommEnt Consulting Group

Also eines ist sicher. CommEnt ist ganz sicherlich keine Trendagentur. Manches Mal haben wir selbst so unsere Probleme mit der Erklärung. Kein Wunder: wie soll man jemanden klar machen, daß man in der Architekturszene genauso zu Hause ist wie in der Werbung, daß es uns Spaß macht, Schauspieler zu trainieren, Drehbuchautoren und Manager, daß wir uns manchmal sozial engagieren, wenn wir Pro-Bono arbeiten. In Restaurants essen wir und wir analysieren sie, in Hotels übernachten wir und wir sehen sie als wunderbare Entertainmentbereiche. Markenartikler sind uns ebenso willkommen wie Filmstudios, Museen und Fernsehgesellschaften, Architekten und Gastronomen.
Aber vielleicht ist es auch ganz einfach. CommEnt setzt sich für uns aus dem Wort »Communication« und aus dem Wort »Entertainment« zusammen. Zugleich bedeutet »comment« bekanntlich Kommentar, und genau das machen wir auch: Wir kommentieren die Leistungen der Erlebnisindustrie: vom alten Ägypten bis ins nächste Jahrtausend. Auf französisch ist »Comment« die Frage »Wie?«, und so wollen wir zeigen, wie Erlebnisse funktionieren und anderen helfen, Erlebnisse zu optimieren.
Die strategische Dramaturgie, die die Basis für unsere Arbeit legt, wird durch eine zweite Theorie ergänzt, die erklärt, was eigentlich das Erlebnis in der sogenannten Erlebnisgastronomie ausmacht. Eine dritte Theorie hilft Schauspielern, Managern und Politikern, ihre Starqualität zu entwickeln und sich in der Öffentlichkeit selbstsicher, erfolgreich und auch für sich selbst befriedigend darzustellen. Auf dieser theoretischen Basis bauen jene dramaturgischen Tools auf, die sich unsere Auftraggeber von uns wünschen.

Tor 1

Training

Wer durch dieses Tor tritt, gelangt zu Seminaren, die Kreative und Manager auf die aufregenden Aufgaben der Erlebnisplanung vorbereiten: Einführungsseminare und Spezial-Meetings zu allen dramaturgischen Aspekten des Entertainments, der Kommunikation, des Marketings.

Tor 2

Coaching

Hinter diesem Tor erwartet Sie jemand mit außergewöhnlichen Fähigkeiten und der neuartigen Methode der »24 Ways to Act«. In einem Einzeltraining werden Künstler, Manager und Politiker extrem schonend für ein überzeugendes, befriedigendes Auftreten in der Öffentlichkeit vorbereitet.

Tor 3

Shows

Kürzlich haben Studenten einen aus unserer Mitte mit dem »First Action Hero Award« ausgezeichnet. Wenn uns jemand eine Bühne gibt, können wir nicht widerstehen.

Tor 4

Monitoring

Durch dieses Tor gehen wir selbst und fahren zum Flughafen. Wir reisen ständig um die Welt, um überall, wo sich etwas tut, dramaturgische Analysen vor Ort vorzunehmen. Was wir gesehen und gelernt haben, teilen wir dann gerne schriftlich und bald auch über ein elektronisches Netz mit Interessierten.

Tor 5

Merchandising

Von diesen Reisen bringen wir ununterbrochen Fundstücke mit nach Hause: dreidimensionale Artefakte, Pop-up Books, Videos, die wir drehen, Fotos, Grundrisse. Wir glauben, daß wir mit kleinen »dramaturgischen Geschenkkörben« einiges davon dem Fachpublikum zugänglich machen sollen.

Tor 6

Scouting

Wer die Dinge lieber mit eigenen Augen sieht, kann bei Tor 6 einen dramaturgischen Pfadfinder treffen und sich von ihm auf die richtigen Fährten bringen lassen; in Shopping Malls, Museen, Restaurants, Hotels, bei Olympiaden und vielem mehr.

Tor 7

Casting

Jetzt geht es darum, die richtigen Leute für den richtigen Job auszuwählen. Wir können sie nicht für Sie finden, aber wir können gerne einen Blick auf sie werfen. Vor allem, wenn diese Leute in der Öffentlichkeit agieren, verkaufen oder managen sollen, haben die Mitglieder von CommEnt dafür die richtigen Röntgenaugen und Casting-Tools.

Tor 8

Supervising

Am Theater und beim Film gibt es den Beruf des Produktionsdramaturgen, der eine bereits laufende Produktion überwacht. Egal, ob Sie an einer Werbekampagne arbeiten, einem Stadtentwicklungsprojekt, einem Spielfilm. Wir lieben es, einfühlsam kreative Prozesse zu überwachen, zu optimieren und zu helfen, Fehler bereits im Vorfeld zu vermeiden. Dazu analysieren wir Modelle, Pläne, Drehbücher und alle Zwischenprodukte laufender Herstellungsphasen. Eine konkurrenzlose Spezialistin für die nächtliche Erlebniswelt von Jugendlichen – für Restaurants, Bars, Clubbings – ist in unserem Team.

Tor 9

Flying Doctors

Besonders spannend finden wir dramaturgische Interventionen, bei denen in kurzer Zeit – im Stil einer schnellen Eingreiftruppe – ein Projekt gerettet werden muß. Diese Einsätze erfordern manchmal das Eingreifen mehrerer Spezialisten von CommEnt. Dazu ist auch einer der besten regieführenden Editor der Werbe- und Musikclipbranche bei CommEnt mit an Bord. Weniger dramatisch verläuft meist die Arbeit des »Script Doctors«, der ein Drehbuch »repariert« oder ein Konzept verbessert.

Tor 10

Laboratorium

Für alle Fälle gibt es schließlich hinter Tor 10 ein medienpsychologisches Laboratorium, in dem viele unserer Kommentare mit empirischen Methoden objektiviert werden können.

CommEnt Consulting Group
Arsenal Objekt 3, A-1030 Wien
Telefon +43 1 799 93 62
Telefax +43 1 798 57 27

Die Deutsche Bibliothek – CIP-Einheitsaufnahme
Schulz, Denise:
Das Lokal als Bühne: Die Dramaturgie des Genusses;
Bars – Restaurants – Bistros / Denise Schulz. –
Düsseldorf; München: Metropolitan-Verl., 1996
ISBN 3-89623-066-2

Umschlaggestaltung: Init GmbH, Büro für Gestaltung,
Bielefeld, unter Verwendung eines Fotos von Rafael Vargas, Barcelona
Satz: Heinrich Fanslau GmbH, Düsseldorf
Druck und Bindearbeiten: Druckhaus B. Kühlen, Mönchengladbach
Printed in Germany
ISBN 3-089623-066-2

Verlagsverzeichnis schickt gern:
Metropolitan Verlag
Uhlandstraße 50, 40237 Düsseldorf
Compuserve 100761.222
http://www.metropolitan.de/metropolitan/